古心意六合拳

裘建华 著

人民體育出版社

图书在版编目（CIP）数据

古心意六合拳 / 裘建华著. -- 北京 : 人民体育出版社, 2020 (2022.9重印)
ISBN 978-7-5009-5590-0

Ⅰ. ①古… Ⅱ. ①裘… Ⅲ. ①心意六合拳—研究 Ⅳ. ①G852.14

中国版本图书馆CIP数据核字(2022)第147713号

*

人民体育出版社出版发行
国铁印务有限公司印刷
新 华 书 店 经 销

*

880×1230　32开本　9印张　226千字
2020年1月第1版　　2022年9月第2次印刷
印数：3,001—4,500册

*

ISBN 978-7-5009-5590-0
定价：39.00元

社址：北京市东城区体育馆路8号（天坛公园东门）
电话：67151482（发行部）　　邮编：100061
传真：67151483　　邮购：67118491
网址：www.psphpress.com
（购买本社图书，如遇有缺损页可与邮购部联系）

20世纪30年代，卢嵩高先生将在回族秘传了几百年的河南心意六合拳植根于上海，并率先将这一古老拳种的真传回传给汉族人，由此作者才有缘学练到该拳并觉悟拳“道”。饮水思源，作者铭记卢嵩高先生为弘扬中华国粹而作的功德，著书立说宣传华夏拳“道”。

前 言

“道”是华夏祖先认识宇宙并不断将宇宙无形的智慧与能量为己所用的一个名词。远古时期，华夏祖先观察宇宙时发现，宇宙有一种无形的智慧与能量主宰着星球运行及其应运而生的各种气化活动，由此开创了悟“道”的易理：易理的无极生太极、阴阳生万物折射出“道”的雏形；易理的“八卦”是宇宙代数学，太阳以八卦规律管理八大行星并创造地球生物圈；易理的“四象”如同现代电脑二进位的鼻祖，其图像与公式可计算时间、空间、物质的总和；“易”与“道”相通，二者都蕴含与时俱进的真理，人类因吸纳“道”的智慧与能量而进化出精神世界的生命，一切生命中只有人类有思想与文化，唯有人类能从事科学研究。人们若用易理处理万事万物，可左右逢源，头头是“道”。

拳“道”，是拳师储备有无形的智慧与能量，精通拳术的本源和机理，拳越练，理越明；用拳因对手而变，攻防手段一用即灵。

笔者自1973年起，拜了多位不同传统拳种的老师学练拳术，1980年又拜罗时茂老师学心意六合拳，同年获得师传的心意六合拳《谱论》。遗憾的是，笔者能将《谱论》背诵到滚瓜烂熟，花了几十年的时间去练威猛的招式及绝妙的拳法，却长期不理解古心意六合拳的套路是修炼人的生命能量，犯了背道而驰的错误。十年前，作者终于领悟到，“厚德载物”的“物”，就是内心承载的无形的智慧与能量，人心遵守宇宙规律就是“德”，人心将宇宙的智慧与能量为己所用就是“道”，“德”与“道”是一对阴阳关系，人内心立“德”是得“道”的唯一路径。从此，笔者以华夏诸子百家的思想精华考验内心的“德”，学了多学科、多元化与拳术相关的知识，能用数据证明《谱论》的拳理，肯定上乘的套路是为练四肢百骸的拳术能量与能力而设计的，先练胯关节、膝关节、脊椎关节、肩关节、踝关节等大关节的拳术能量与能力，构建拳法平衡与传递攻防能量的运动链；再练身体局部，有能力支撑整体拳法；练熟身体局部的运动能准确对接整体拳法的参数，就能够将浑身的劲力集中使用到攻防的作用点上。

《古心意六合拳》一书是笔者实践华夏拳道的论文，把练肢体的拳术运动扩大到练思想力、内脏能力、储蓄生命能量上来，将内心无形的智慧与能量“和合”身体有形的拳术物质与能量，组成心身合一的拳术本领。这样的本领能提高人的生命品质，健康人的生命历程；用于技击，心意遵守宇宙三要素，指导身体的拳术物质与能量，因对手而变，用自身重力、惯性力创造强大的拳势，以势取胜；拳术克敌制胜的关键是先摧毁对手的重心，拳术防守的重中之重是守护重心。本书只论述了华夏拳道的冰山一角，因为宇宙有多宽广，人心就能走多遥远。

纵观当代中华武术，有万样传法，武术大师林立。本书论述华夏拳道，不敢妄行于世，只想告诉中华武术的莘莘学子：华夏民族有龙文化的“道”，“道”与时俱进，能给予每一代人新的觉悟；训练有“道”的拳术本领，应该是新一代人比上一代人更强！

笔者相信龙的传人，期望真正的中华武术千古不绝，才敢著书宣传。笔者用真才实学著书，做一盏分辨中华武术真与假的明灯，希望受到全社会的尊重与支持！

裘建华

2017年写于南昌

目　录

第一章　古心意六合拳溯源及修炼门径

古心意六合拳起源于明末，当时精于枪法的姬龙凤先生“人见之皆以为神，先生犹有虞焉，以为吾处乱世，可操执枪以自卫。若太平之日，刀枪入鞘，倘遇不测，何以御之，于是将枪法改创会期理于一本，通其形于万殊的心意六合拳”。该拳用拳如同用枪，战略上有阵法，战术上有阵势，将单式称为套路，练拳意象隐喻“龙有搜骨之法，虎有扑战之勇，猫有捕捉之妙，猴有纵身之灵，鹰有捉拿之精，熊有战斗之情，蛇有拨草之巧，燕有取水之能，鹞有侧翅之力，马有奔腾之功”传递拳术的技术理念，故称作十大形。其实该拳隐喻了万物之灵，有天上飞的、地面跑的、树上爬的、水中游的生灵，以十为节点因“数生于一、成于十”，拳术的“合十”属于尊师重道。

姬龙凤祖师将心意六合拳传给南山郑氏，郑氏得真传后聚龙文化、易理、中医学术、墨子防御理论与孙子进攻理论等学问于一体，著作了古心意六合拳《谱论》。《谱论》又由郑氏的传人王自诚先生会其意，究其理，于清雍正十三年著述了《十法摘要》，使心意六合拳的《谱论》成为科学的武术文献。古心意六合拳向后的传承中产生了山西心意拳、河北形意拳及其衍化的意拳、大成拳等支派，唯有河南心意六合拳最符合《谱论》。河南心意六合拳代代出侠士与豪杰。河南回族的马学礼大师是最具有代表性的人物，大师得到心意六合拳的真传后，规定该拳只在回族秘传，造成数百年河南心意六合拳传回不传汉，直至20世纪30年代，卢嵩高大师将河南心意六合拳植根于上海，率先将在回族秘传百年的河南心意六合拳传与汉人。

本书作者的老师罗时茂先生是卢嵩高大师1953年收的入室弟子，罗老师学成后便在四川与江西传授该拳，罗老师传拳的风格是重视练拳“为生理，生理里边都要成”的增长武功。本书作者在1975年就是南拳与双头花枪的教练，1980年带艺入古心意六合拳的门，从此只练古心意六合拳及研究《谱论》中的“道”脉走向，经30多年的实践，觉悟到《谱论》用“道”启迪人的智慧，运用了多学科、多元化与拳术相关的知识，科学修炼心身和合的拳术本领。

下面介绍按古心意六合拳聊训弟子的《谱论》悟“道”，谈相对节省时间与精力练出真才实学的拳术本领及练拳顺序与门径。

一、练古心意六合拳必须懂得枪法的拦枪、拿枪、扎枪，使所练的拳势有冷兵器的枪势。练该拳的第一步是照枪法练枪劲踩腿，把拳法进攻与防守的能力安装到腿上，要求鼻尖、膀尖、脚尖相照在一条直线上，使拳势符合“枪扎一条线”的枪势。拳势有前、后六势：头、肩、手为前六势，“前六势劲硬”指拳的击敌点如同金属的枪尖；胯、膝、足为后六势，“后六势劲软”指腿法及身法如同投送能力的枪杆。用拳如同用枪，枪尖再锋利也离不开枪杆连紧追随的投送。练该拳的第二步是照枪法练摇闪把的套路，以胯关节、脊椎关节、肩关节、踝关节等运动关节，构建拳法平衡与传递攻防能量的运动链，训练腿的蹬劲传递到肩、臂、手，储蓄攻防的体能。

二、练古心意六合拳要拳不离谱，按《谱论》有理可依地训练“头为一拳、膀为一拳、胯为一拳、脚为一拳”，这四拳是该拳的核心拳势。古心意六合拳的任何单式或组合套路都是练这四拳，当拳师将套路逐个练好后，就会懂得该拳唯一的组合套路为何称作“四把”。

头为一拳，指练心智（不排除头能打人）。人各有心，心各有见，人各有各的见解、判断、思考，“头为一拳”是人的心意对客观世界的反应，生活在世界上的每个人意识都是独一无二的，人们都可按照自己的意识（意向）自觉地、能动地、实践真实的目的，人的意识是有大小和方向的物理量。“头为一拳”也指人不学无术，练拳要增进与拳法相关的学问，不断增长内心的智慧，由心灵激发人的本能，由意识做出决断，促使四肢百骸的行动精确即时。用拳是心意指导一切的拳术行为，这比用头打击对手的技术重要，用心促使拳法变通、加速、质能互变、达到目的。心与意是一切事物运动变化的根源。练心意，是时刻用心关注拳术事物的矛盾对立统一，拳术的攻、防如同矛盾（阴、阳）这二个原始的量的较量，用心意驾驭拳术攻、防的矛盾，在矛盾的对立统一中求索用拳化险为夷的本领。

拳师的心意成长要学的知识很多，要从用拳的深度和广度上觉悟拳法的奥妙。心意的修炼，请参阅本书第七章。

膀为一拳，三尖相照的前后调膀，双膀堪比双头枪的两个枪尖，准确抓住攻、防的机会，不给对手反应的时间，有的放矢发挥前六势的进攻威力。练该拳的第三步是练龙调膀，不断以身体螺旋带动后膀变为前膀，变身调膀是两膀没有前后之分的领着拳法，如同巡航导弹，拳术的三尖相照是为攻防进行制导，龙调膀练前膀领着拳法奔作用点，前、后膀的互换如同双头枪的枪尖跟踪对手，枪的隐语被古人称作“肩二”，阐明了双头枪的枪尖是两个肩膀的延伸。

胯为一拳，心意六合拳的龙腰指双胯。髋关节为多轴性关节，能做屈伸、收展、旋转及环转运动，胯能够带动人体产生拳法的大能量，用拳不用胯是能量的浪费。人的股骨颈与髋臼组成关节，人直立行走、活动、用拳都依靠股骨颈的支撑，这个关节是身体承上启下的枢纽。练该拳的第四步是练韧劲，这类的拳式训练两胯多轴性的传递劲力，胯活可避免拳法出现笨拙，由此获得身体的灵通。“胯为一拳”要练腹肌的发达及腰脊功能与腰肌的耐力，逐渐形成用拳必动胯，使胯与腰脊成为拳劲到位的调节器。

脚为一拳，指脚是身体移动的原动力，腿灵活可避免自身成为对手拳法的作用点，腿抢占对手重力线的抢位既是打乱对手攻防最有效果的方法，又使后续的攻防行为能有的放矢。练该拳的第五步是练龙、蛇形及猴纵身等拳式，目的是以灵活的脚步获得身体起落、反侧、收纵、束长的合理变通，需要练到两腿大小关节具有良好的弹性和耐力，逐渐掌握“以步为奇”的拳术本领。

三、修炼心意六合拳的第六步是以鸡腿、龙腰、鹰捉、熊膀、虎抱头、雷声为用拳的身法，达到“身存六势”。“六势”不指某个动作，而是以“身存六势”去找攻、防的巧门，要认识人体解剖和运动力学等与拳术修炼相关的知识，借鉴易理的智慧及孙子兵法等龙文化，再结合古枪法研究用拳的奥妙。修炼“身存六势”要由大到小单独训练人体可旋转关节的功能，由多关节联动组合拳法的六势：（1）人体最大的关节是膝关节，训练提膝防守及踩定对手的重力线隐喻为“鸡腿”。（2）拳术承上启下的是胯关节，练松胯及转胯促使身体灵敏被隐喻为“龙腰”。（3）单独训练前臂抗击打及打击的硬度，使前臂有“起如抽、落如钩”的功能可隐喻为“鹰捉”。（4）人体最灵活的关节是肩关节，将肩膀的进攻威力隐喻为“熊膀”。（5）准确微调拳术行为到位的是脊柱关节，脊柱灵敏能防护头部攻击保护上肢隐喻为“虎抱（保护）头”。（6）修炼人的宗气旺盛，将先声夺人的发声隐喻为“雷声”。总之，以“六势”传递拳术取胜的技术理念。

四、修炼心意六合拳的第七步是单独训练踝关节的功能。我们知道拳劲必须遵循力的三要素：力的大小、方向、作用点。拳劲如果达不到作用点，出拳的整个行为都是徒劳的。练心意六合拳要求“三尖相照”，主要是训练以人的踝关节领脚尖、膀尖、鼻尖，眼睛能够看清楚眼前攻防的利弊，前膀瞄准拳术攻防行为的作用点，都需要练踝关节灵活回转获得重心稳定。以踝关节联动人的整体质量跟踪对手运动中的形影，拳法才能够以大质量产生大能量。要练踝关节领小步调节拳术行为距离、角度等，才能够确保拳术攻防行为抢到时空，保证拳法不落空。如果拳法达不到作用点，所有行为都是枉费其力。

五、修炼心意六合拳的第八步是储备用拳的物质与能量。拳术的物质是人体的质量；拳术的能量由人体质量的运动产生，要求练多关节的联动，四肢百骸搭配出拳法的形态结构与功能。按照现代物理力学质能互变的原理，参与拳术行为的质量大，能量就大。可带动大质量的关节是胯、膝、踝、肩、脊柱，而且这些关节在拳术中使用频率极高。单独训练大关节比练拳术的套路重要，单独练胯关节可启动拳法速度的平方；单独练脊柱的螺旋及束长可微调拳法的准确度；单独练膝关节可启动抢步等。切记练拳“为生理，生理里边都要成”。

六、修炼心意六合拳的第九步是练在重力线上用拳：训练竖直方向的拳法，以对手的重心为力的作用点，借重力势能发挥一束、一长的弹力。拳术对抗时的作用点在对手的重力线上，目的是使对手失去重心。任何人失去重心，就意味着失去进攻与防守的行为能力。古心意六合拳的《谱论》指出："君子学了护重心，小人学了乱糊传。"

拳法进攻时浑身转动不停是重力势能的运用，重力的运用主要是以胯、膝为最佳的支点和力点，组成整个身法的起落、进退、反侧、收纵，由整体带动局部进行打、摔、拿等，靠斜向正、反旋转形成拳术的阵法和阵势，用拳如同锋利的枪尖与富有弹性的枪杆和合，瞄准对手身体中线（重力线）进攻；拳法防守时闪展腾挪，遇到危险立即螺旋自己的重力线，或用十字把回旋，或用十字把固有的剪切，该法以一正一反的角速度错分对手的行为。十字把有反向的惯性力，即用有自身重量的力产生拳术最大能量，这是拳术质能的互变。

人是宇宙的微尘，人的生命体中有宇宙空间的元素及宇宙螺旋运行规律。人在幼儿时期时刻围着父母亲缠绕，人的DNA又是双螺旋结构，螺旋是一种生命规律，比如，人的头顶有发旋。拳法倘若遵循了宇宙运行的规律，拳术的行为能力就有周而复始的正能量。宇宙全息是人生命的镜子，照平面镜形成大小相同、远近对称、左右倒换的像。拳法如镜面相对时，前后相通；反转时，前就是后，后就是前。用左右相反、上下对立的"熊在束，鹰在长"是借重力及支持力用拳。只要练拳与用拳遵循宇宙规律，每个人的拳法都会有微妙通达的造化。

第二章　古心意六合拳的武功练习

古心意六合拳的《谱论》提出“为生理，生理里边都要成”，练武功的主题是储蓄人心、身的能量。拳术动作是人的肢体（外表）做出的行为举止，完成拳术的行为举止需要四肢百骸的能量支持。要保证四肢百骸有相互支持的能力，就要由大到小对自身的运动关节进行研究，逐个单独训练大关节功能是练武功的准绳。武功练习还要保证蕴藏人的内能力，包括要修养心意及积存人内脏内五行的能量与能力，因此，修炼武功旨在修炼人的整个生命力，用于照顾身家性命。

练古心意六合拳的武功如同人们滚雪球，是逐渐积累四肢百骸相互支持的能量与能力，不断增强实践内心意图的拳术本领的过程。

本书将练拳的起势隐喻为在雪地上抓紧一把雪，而初练第一个拳架是以起势这一把雪为滚雪球的起始。例如，练第一个拳架是训练龙调膀定桩，身体随重力竖直向下蹲，练胯、膝、足的功能，再以龙调膀行功练前后膀的调换，使两上臂如同双头枪。练下一个拳架动作的时候，要将练第一个拳架的收获融入训练中，比如，练踩腿摇闪把就必须融入龙调膀所练到的一切。练第三个拳架动作时，必须融入前两个拳架动作所练到的一切。由此逐渐增加新的拳架，武功的递增如同滚雪球的效应，积少成多好比雪球的体积越滚越大。

练古心意六合拳的武功是个很专业的人体工程，工程的思维依据是增长自己的心、身能力，主要有三大项目。

一、为生理修炼武功，增长人的心、身能力。武功的主题是练人生理和心理的正能量与拳术行为能力。练人的正能量和能力要懂得拳术的本源包括人的智、仁、勇，要进行道德修养；生理能量是修炼内脏功能的强盛，增强和储备人的内能力，使人的气血畅通、神经传递畅通，强壮身体及健康长寿等都是人的正能量。修炼武功要运用生理力学和现代物理力学，由大到小锻炼可旋转关节的骨肌功能，将骨关节练出生理允许的最大活动能力和最大承受能力。拳法的物质基础以胯关节、脊椎关节、肩关节、踝关节等大关节为主，构建拳法平衡与传递能量的运动链，保证局部行为准确对接整体攻防的参数。用拳时“和合”心身能量，以手为妙、以步为奇，以身法在三个维度的变向和位移保证浑身的劲集中在一点使用，这样的拳法一用即灵。

古心意六合拳《谱论》提出：“精养灵根气养神，元阳不走得其真，丹田养成千日宝，万两黄金不与人。”按照道家养生学的“土生万物”修炼丹田，因为丹田是人体运动空间的圆心和人体质量的质心，丹田带动四肢百骸的拳法，有最自然和最厚实的物质基础。

二、练武功的同时要留心修炼丰富多彩的武艺。笔者把武功比喻成一把锁，那么武艺就是开这把锁的钥匙。笔者曾经苦练了三十多年的武功，似乎不懂得以武艺这把钥匙去开武功这把锁。7年前笔者偶遇一位武艺高强的前辈指点，亲眼所见并亲身感受了前辈出神入化的用拳奥妙，此次的受益如同进了一次华夏拳“道”的殿堂，觉悟到心、身能量与能力的“和合”是武功与武艺的完美结合。从此将练武功隐喻为军事装备的生产及安装，装备越精越有威力；将练武艺隐喻为练军事装备的使用技术，技术越精战斗力越强；武功是发挥武艺的物质基础，而武艺则是促使武功发挥功效的手段。

第一节　明三节，齐四梢，备五行

古心意六合拳为心理与生理的健康及储蓄生命能量而练，这样练拳术的武功如同人体工程的主体施工。拳谱指出，练拳要时刻考练人的身、心能力，达到心理与生理都比别人强。修炼身、心胜任拳术的攻防，先要研究人的生理，明三节、齐四梢、备五行，懂得从武功和武艺的根本上去修练人四肢百骸的拳术综合能力。

科学的训练武功必须“明三节、齐四梢、备五行”，训练生理运动功能和储备人的拳术综合能力。因此，练武功威猛的单练招式或攻防拳架是不够的。明三节，就必须由大到小练人体可旋转关节运动功能，逐个练大关节的拳术功能和劲力；齐四梢，必须练好人四肢百骸的拳术协调功能，四梢齐促使拳法起无形，落无踪，去意好似刮地风；备五行是储备人的生命能量，要求内修脏腑，充实人的精神。外练筋骨之间的拳术能量组合。这样练拳必定是“功到自然成”。

一、明三节。心意六合拳的先辈以人的正中线将躯体的左右两侧分出一阴一阳，隐喻身体左侧是拳术行为的先锋，身体右侧是拳术行为的元帅（图1）。以股骨端画一条环绕身体的水平线——股干线。股干线以下部位属于根节；在人体两腋肋各画一条环绕左右肩关节的线，该线到整个上肢属于梢节；股干线到两腋是中节；三节之中又可各分三节，三节形成梢节起、中节随、根节追的拳法，使拳术行为有兵与将、君与臣的不同角色，行为首尾相连。

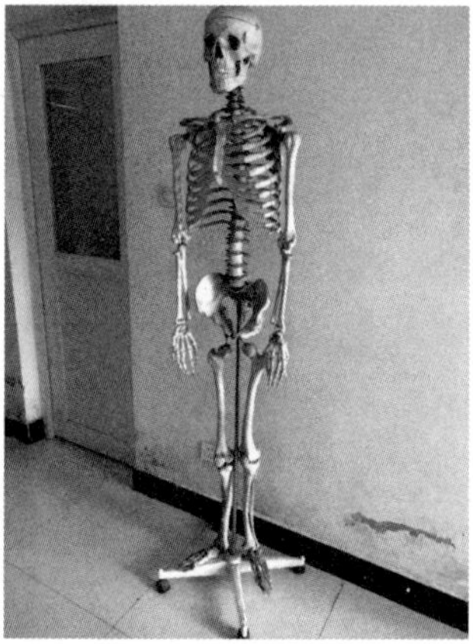
图1

明三节，必须研究人的运动系统由骨、骨连结和骨骼肌三种器官组成。骨骼支撑人体的基本形态，骨骼为肌肉提供附着，在神经支配下，肌肉收缩，牵拉其所附着的骨，以可动的骨连结为枢纽，产生杠杆运动。心意六合拳以“搜骨之法”，“搜”人体关节的屈伸、旋转、反转等作用，由三节九体的三回九转联动出攻防的战斗力，联动出上下相连的“浑身都有顾法”，用骨关节运动的结构保护自己，进攻对手。

心意六合拳以“搜骨之法”搜拳法的动态平衡，搜浑身是法。根据人体形态和结构划分出阴、阳，人体头、颈、躯干的腹面为阴，背面为阳；四肢的内侧面为阴，外面为阳；再由头顶的百会穴向下，通过鼻尖连线到会阴穴为躯体的前正中线，以会阴穴向上，通过脊柱的竖线到头顶的百会穴为躯体的后正中线，两线相连是人的小周天。

二、齐四梢。齐四梢是拳法以大质量产生大能量。根据图1以鼻尖为中心，贯穿脊柱画一条竖直的正中线，正中线上的脊柱是人躯干的中轴。以脊柱为身躯的中轴，中轴联动手、脚，如同四肢百骸拧成一股绳的动，这样正如拳谱所说：“脊柱一枝动，身躯百枝摇，四梢无不齐，内劲无不出。”齐四梢是拳术脚手齐到，心一动而气近之，气一动而力伏之，使拳术的行为自然、快捷，再结合内心果断应对拳术的攻防，实战的每一动都有自身的整体劲。这样用拳，如虎之伸爪而物不能逃，如龙之用力而不能阻也。齐四梢练拳术的手足相连，要单独练拉筋、练松肩等灵活关节的基本功，让四肢齐的灵通应变拳术行为，达到浑身的劲力作用在一点。

三、备五行。脊柱和四肢关节组成拳术的外五行，拳术是由骨关节联动及其搭配形成运用方法。运用易学的五行理论储备人的内、外能力，以内五行的通畅使人的气血旺盛。（1）骨骼对应木的物象，练到木有储备，骨骼就挺拔，意志就坚强；（2）筋对应金的物象，练到金有储备，筋腱就强劲有力；（3）气息对应火的物象，练到火有储备，气息就清纯明朗；（4）肌肉对应土的物象，练到土有储备，肌肉就处于自然而然的姿态，使形体自然端正及肌肉坚实，由此储备拳法的力量；（5）血脉对应水的物象，练到水有储备，人的血脉就通畅，气血平衡则拳法可快如风。五行合一是心意指令躯体做恰当的攻防，拳法既有四肢百骸联动的能量，又有内五行的内脏和腺体给拳法补充能量。

外五行以丹田为中央土，“土生万物”是指丹田带动四肢百骸的联动。小腹中心的丹田是人体的质心，以丹田主导拳法攻防行为的外能力。以丹田传递拳术实战的劲力，是质心带动整体的质量运动产生大能量。备五行是促使拳术的内、外五行和合，用拳有内、外能力合一的拳势，如同在攻防上设有五道关。设关首先是凭借拳法修炼的经验，内心要懂得合理变通。其次是身体的内分泌要刺激拳术的外在行为，见机立即打对手一个措手不及。

拳术练内功的方法多种多样，不同的练法如同农民种植不同的庄稼，种瓜得瓜，种豆得豆，各有各的收获。心意六合拳修炼内五行是由内在能力强化外在拳法的方法，应避免用“心法”等玄妙的术语。

例如，搜骨之法是指锻炼以脊柱为中轴的身法灵活及骨骼和骨关节功能的方法。骨关节的功能包括韧带、骨骼肌、附着在骨关节周围的神经等组织的运动机制，搜骨主要是以骨骼和骨关节搭配为拳法的结构，使多关节联动出质能互变的拳劲、硬度及灵活度。搜骨之法也指运用骨关节进行拳术的杠杆运动，以骨关节的端面进攻的方法。

在拳术运动中负荷最大的是腰脊。在胸骨末端画一条水平环绕身体的横隔线，横隔线以下到股干线以上是腰脊，腰脊依附盆骨和小腹支撑上身重量。内功强调练小腹的充实，有协助腰脊的功能。练龙腰就是练脊骨的排列优良和丹田的充实，形成武术行为，由脊柱动带动身躯四肢百骸做质能互变。

脊髓与大脑构成人的中枢神经系统。中枢神经是人类学习、记忆、意识、心理、思维活动等功能的物质和信息基础，中枢神经传入全身各处生命活动信息，传出生命活动功能信息。以脊柱练拳术的信息灵敏，也属搜骨之法。而人们一提到拳术，就想到运用眼睛能看到的拳脚，忽视“动身不动拳”是更厉害的拳法。心意六合拳的历代前辈都是用身法为进攻之辕，威力最大的拳劲是人的身体移动，而且前辈都重视用脊柱及溜肩圆背的拳法，两肩和脊柱都能借重力和支持力组织进攻。自古大侠、豪杰都注重保养自己的脊柱，以“肩不挑担”达到溜肩圆背，由此保持身法的灵敏和进攻的威力。

拳术外象上要求手与足合、肩与胯合、肘与膝合，脚手齐到地练拳架；拳术的内里要求心与意合、意与气合、气与力合。按阴平阳秘的法则修炼人的心肾相交，以水火相济促使五脏六腑与四肢百骸相合。肾属水，心属火，要让人的心火下温肾水，练心肾形成拳术水火相济的雏形。这种拳法有感性认识和理性认识。初学者练松膀、展开中平几秒钟，掌心和手指就会产生灌劲的感觉，这种现象就是气功中所说的大周天通了，而气功界有许多人一辈子练不通大周天。下面以松膀的动作为例，体验灌劲的感觉。

自然站立，左脚向前上步50厘米左右，脊柱如同天平的中轴保持竖直，上体向右拧转到生理最大角度，鼻尖对齐前膀，前膀对齐前脚尖。两腿下蹲，重心完全由后腿承担。左手前伸、右手后提，两手支撑着天平的两头，两臂似直非直的前后散开，两掌五指似荷叶张开，中指对地，前手小指和肘尖向前，后手小指和肘尖向后，身体左右对称，保持平衡。进行定桩练习（图2）。

图2

要求：脊柱竖直，身体松静自然地左右对展，应力均衡到如同天平测定物体质量。初学者只要做到应力均衡，几秒钟内两手掌心和手指会立竿见影地产生灌劲的感觉。左右式动作相同左右相反；做完左式稍休息，待呼吸平稳，再做右式。脊柱竖直就重力均衡，身体左右对称的对展易通畅“正气存内”微循环。农业生产上风调雨顺，是获得丰收的前提，练拳术以明三节、齐四梢、备五行，增长人的生命能量。

第二节　练功是逐个的攻关

老子说：“天下大事必作于细，天下难事必作于易。”人做大事必须从小事开始，天下的难事必定从容易的做起。练拳术本领同样是从小事、从容易的做起，先由大到小练好人体的运动关节，做好这项对拳术起关键作用的小事，拳术能力就不简单了，再逐个攻关地练人体多关节的运动功能组合。这样训练拳术本领，如同一项人体工程。

一、工程施工要详尽了解人体的生理，给练生命功能和运动能力做出图纸设计：（1）练功畅通血液和淋巴循环，平衡和协调脏腑的矛盾，强壮五脏六腑，养气活血，强健体魄，预防疾病。（2）逐个攻生理运动功能的关，攻以人体脐下的关元穴为人体整个质量的质心的关，就是修炼丹田。（3）练脊柱关节的良性排列，改善人的神经传递功能。以脊柱为拳术的中轴，训练脊柱带动的拳术能力。（4）由大到小地练好人体的可旋转关节，攻髋关节、肩关节、膝关节、肘关节、颈关节、踝关节等可旋转关节的关，运用涉及关节能力的科学知识，将四肢百骸练到“生理里边都要成”。（5）练好腿部各关节囊与关节软骨面所围成的关节腔，滑利关节的滑膜，练好连于相邻两骨之间的韧带，使腿关节伸、屈、外展、内收及环转等关节运动具有灵活性、稳固性和运动速度，达到踝、膝、髋的关节功能优越，满足拳法“以步为奇”功能。（6）古心意六合拳是由军事的古枪法而创，奔作用点的拳劲是枪尖，而使枪尖准确及使枪尖有力量的是枪杆，由此拳法必须攻前后六势的关，练好“前六势劲硬、后六势劲软”的拳术功能，这样练功就有了某一时期内实现拳术目标的途径和拳术如何训练的方向。

二、工程施工要达到照顾身家性命的主题验收，以拳术本领照顾身家性命，练拳要明三节、齐四梢、备五行，在考练身心的能力上逐个攻关。要训练拳法从身体质量做三维空间正反方向移动的连接问题，再谈攻小腹部的丹田及脊椎的关，人类由四肢爬行进化到两脚站立行走，站立行走使人的脊柱直立，丹田成为人体几何的中心，即成为人体运动质量的质心；丹田又是人体直立运动空间的圆心及拳法的重心，以重心、质心和运动空间的圆心带动拳术行为的起落、进退、反侧、收纵等运动都是大质量产生大能量的运动，符合物理学的质能互变规律。修炼丹田，就是锻炼人体直立运动空间的圆心与整体质量的质心。而社会上传授的修炼丹田功法多种多样，有的按经络之气的运行规律讲气功，操性命修练之柄，想练通人的小周天和大周天；有的采用中医的经络学说，以桩功训练丹田的气，重视练丹田聚气的修养等。其实，中医学中经络学的丹田是指人体脐下的关元穴，而内功的丹田不但包括关元穴，还包括人小腹部为中心的一周围及脊椎。想练丹田气的储藏和发放外气是痴心妄想。

三、古心意六合拳的内功以静力学原理练定桩，桩功必须把两力抗衡的力点抽象为刚体，只有刚体才产生静力。静力训练丹田，先把丹田隐喻为人体运动空间的圆心和质心，进行“实其腹”的修练，以充实的丹田为质心带动整个人的质量运动，物因质成的传递出动力。从人体组织结构上看，丹田是拳术修炼的主要部分，也可称为拳术的重心，重心承担运动质量的稳定。丹田练整体质量的稳定，从数理上看丹田向前后、左右、上下传递能量，是人体整个质心产生的冲量。以丹田为核心，贯通人体上、中、下三节的动量，拳术以丹田为核心的运动是大质量产生大能量的动作，符合物理学的质能互变规律。而人体每个可旋转关节都有圆心和质心，圆心带动圆周的运动，必将使质心带动的质量转变为能量，由圆心传递动量到圆周。脊柱带动身体质量产生正、反角速度，拳术行为就有君与臣、将与兵的互动质能。这样的拳术工程的施工，是功到自然成。总之，练拳以平凡出神奇，例如用拳将浑身的劲传递到一点，丹田一周的充实是使脚的蹬劲经丹田传递到头、肩、手的必然条件，而拳术的桩功是以静力训练丹田一周的充实，当丹田一周成为拳劲传递的杠杆中央时是刚体，传递的是大质量转换为大能量的整劲，此劲总是“出在不甚捷，可使日月无光，而不见形”，此内劲传递“运于三性之中，法于战之倾”。切勿，将身体的大质量转变为拳术的大能量，误解为丹田的内气发放于浑身。

我们可做如下的质能互变试验：（1）拳术的功力是质量大，产生能量就大，自己用左手臂的桡骨和右手臂尺骨进行相撞，桡骨的质量稍微比不上尺骨质厚，桡骨受不了尺骨的打击。正如重卡车撞击轻型卡车，后果不堪设想。（2）由兵来将挡，认识拳术的质能互变，懂得拳术的功力是物因质成的，例如当某人遇到对手用手击自己下阴时，往往是以质量相同的手，下意识的行为去阻挡，如用提膝阻挡，对方的手会由于兵来将挡的对抗质量不同，而受重创。

练功是逐个地攻关，单独训练踝、膝、髋关节等大关节的拳术功能及练转胯、调膀、闪展腾挪，都是“工欲善其事，必先利其器”的制造拳术主战装备，属于快速增长武功的最佳方法。

第三节　蹲桩练武功

人类由爬行进化到直立行走，直立行走的运动与劳作造成人的躯体偏失重力平衡。练拳以蹲桩调整身躯的重力平衡，增强人的骨肌功能；以蹲桩的静力训练调节人体内、外平衡，使拳术运动系统获得内脏功能及神经传递的支持；以蹲桩训练人的力量素质，增强肌肉工作时克服阻力的能力和耐力，以静力桩功强化双腿克服阻力的能力和耐力是拳术基本素质；桩功是一种静力训练，练桩功要求脊椎竖直而使身体端正，便于人的重力线通畅地进入地面，由此养浩然正气。

心意六合拳的《谱论》指出“静为本体，动为作用”，任何拳架保持定式蹲桩都有内壮脏腑、外壮肌肉的静力功效。蹲桩是以重力练拳法的曲、直，下蹲如同弹簧的下压，储蓄弹起的能量；蹲桩练骨肌及骨关节屈伸的密度及支撑能力；静力桩的形态结构有利于人呼吸吐纳与体液循环的运行规律，有利于末梢的循环，有利于低级神经的信息反馈，有利于有触必应；心意六合拳常以龙调膀的拳架进行静力定桩，该定桩以静力抗衡增强腹腔的内动力，使丹田储蓄向上下及左右等多角度传递劲力，提高人的生命能力。

例如，龙调膀定桩训练的静力建立在以丹田为质心和以胯及膝关节为质心的力系平衡上，该桩犹如《拳谱》所描述：“不动如山岳，难知如阴阳，无穷如天地，充实如太仓，浩渺如四海，炫耀如电光，尽乎其志，备乎其勇，全乎其和。”和是一种以阴、阳之和造拳势的气机，先定桩抱练人体静态的质心（丹田），以静力超负荷的抗衡增强相关的骨肌功能，并改善神经活动在内的运动体能特质。

训练方法如下：身体自然站立，左脚向前迈一小步，同时两腿下蹲，身体向右拧转到生理允许的最大角度，保持鼻尖、左肩尖、左足尖的三尖对齐，此时拧转身体抱练人体的质心，定桩使小腹部形成二力抗衡，强化了脊肌相互对拉，将整个上体拧转到生理允许的最大限度，就像把毛巾拧转到最大极限，松手后，毛巾必然有反弹的能量。身体下蹲到前腿大腿与地面平行，这样练胯、膝等关节的扭拧和拉扯，如同人体上下形成弹簧的运动（图3～图6）。定桩后休息到呼吸平稳，再前后腿抽换，反转身躯换式。

龙调膀的定桩主要练胯、膝关节，两腿下蹲时，后膝与前腿弯相抵，足后跟实，重心完全在后脚，腿部肌肉如同夹板，控制人的自身质量和重心。要求小腿与大腿弯成汉语“之”字状定桩，人体两根最长的股骨之下是如同弹簧的膝关节，两根股骨成为弹簧上的杠杆臂，使两腿与膝关节蕴含人体上下运动的弹力。龙调膀的变身是攻防最默契的配合。前手抱胯，后手紧贴脊柱，两肩向尾闾方向竖纵下扎，为整个脊柱特别是腰脊起了帮扶作用。

图3

图4，身体旋转到鼻尖、膀尖、足尖的对齐定桩是生理最大旋转角度，可最大值储蓄身体旋转的动量和冲量与弹性形变的动能。

图5中，后手垂直向下有利于脊柱的排列和顶头，达到胯松、脊椎直。以头和胯的两头带动中间，使脊柱后纵韧带伸展，完善脊椎富有侧弯和旋转的弹性能力。定桩练习时间以一分钟以上为度（图6）。

图4

图5

图6

龙调膀蹲桩量化参数、动作要求：（1）要求脊柱挺直，即从身体的形态上树立人的正气。以脊柱为轴拧转上体90°达到鼻尖、肩尖、足尖的三尖对齐，正面只见前腿，以身体质量的缠绕蓄劲。拧转上体时，骨盆和头固定不动，在生理允许的最大角度上储蓄反转的势能。（2）以脚底为支点旋转身体的质量，腿弯成“之”字状，练膝关节对重力、弹力、惯性力的应用，膝关节的屈如同弹簧受压，必将产生在竖直方向弹起整个身体的伸。

龙调膀蹲桩功理分析： 蹲桩中把脊柱比喻成帆船的桅杆，把腹肌比喻成帆船桅杆的斜拉索，内隐两肩的力对拨拉动背肌，两膀随时可前后相互对调是调整船的帆，桩功丹田是人整个质量的质心，又是人体运动空间的圆心，在丹田的周围以静力抗衡，增强拳术的物质能量，圆心向上运动结合以脊椎为中轴的螺旋运动；圆心向下运动结合两胯移动身体，即时投送拳法的战力；龙调膀的定桩要求重心完全由后腿承担，让人体骨肌的构架感受重力与支持力及宇宙的螺旋运动规律，逐渐将诸力用于拳法；龙调膀的定桩是一种在多力系下的静力超负荷训练，以静力训练胯、膝、足、臀等运动关节的杠杆劲力，增强腿部骨关节及骨肌功能。习练时会出现两腿酸、胀、痛，甚至两股出现颤抖等反应，这都是腿部运动关节得到锻炼的表现。定桩如同建立人本体的“能量库”，桩功训练就是储蓄拳术的能量。

第四节　坐桩练武功

坐桩练功与站立和蹲不同，站立和蹲有下肢的动作，蹲时改变大小腿的夹角。坐桩练功腰骶部的结构是稳定的三角形，使上身向下松沉，腿上没有变化。搓中节是坐胯转脊，以脊为轴，螺旋带动臂膀交叉翻动，练人体的内、外五行及中枢神经畅通，达到气血顺畅和神明；以搓手掌的经络按摩调节内平衡；以腹式呼吸练气息悠长。

搓中节训练法： 取一方凳，身体放松，端坐于凳上，左腿架于右腿上，右手伸于左腿上，左手中指附于腕横纹，两手十指和掌心与思想配合，两掌心相对，上下反复揉搓，搓动时手臂滚动，腰腹相应向下运动时要提肛，有益盆腔组织的功能提高，有利肠道毒素的排出，促进泌尿生殖系统的活力，提高腹腔内脏活力（图7）。接上势，翻掌，右掌伸直，左掌中指回到右掌神门穴，调理手三阳、手三阴经络，同时促进未梢神经的活动更活跃，并使胸廓容积增大（图8）。上式搓练30次后，换向。右腿架于左腿上，继续搓练（图9、图10）。

图7

图8

图9

图10

功理分析：搓中节是坐姿练龙身，坐姿有益人体的重力线均匀通过脊椎到骨盆，骶骨与2个髂骨紧密相连，构成骨盆，骨盆又在一个横轴上与髋关节保持平衡。端坐时小腹要内收，骨盆稍微后倾。搓中节既练脊柱周围背肌和腹肌，提高脊柱为龙身的灵活。也练心与手的密切相应，获得心手相印的神明。搓中节锻炼脊柱关节和中枢神经，灵活身法；同时增强腹力。身体放松，坐正，实腹，有利于人体重力线自颈椎到骨盆自上而下均匀通过脊柱。由关节突出形成的冠状面关节承担侧屈的身体运动，矢状位的关节承担伸、屈和旋转的运动，第二颈椎至骶骨分布着23个椎体关节，椎体保持人的重力平衡。搓练人的重力线均匀通过椎体下行，别称是“手摩内五行”，促进胃肠蠕动。通过手的搓摩疏通人体经络，在相对静态的修练中改善人神经系统的功能。

搓中节是横膈膜帮助的腹式呼吸，并搓练隔肌、横膈膜。搓中节的行功过程有横隔膜一张一弛的上下运动：（1）练横膈膜最大限度的提升，排空肺部的二氧化碳。（2）练横膈膜最大限度的下降，胸腔得到扩大而提升肺活量，氧气被充分吸入。胸腔的扩大减轻了胸腔压力，使在胸腔日夜不停工作的心脏和肺腑的工作环境得到宽松，由此增强心肺功能。（3）横膈膜向下扩展，增强腹腔肌群所需的压力。

搓中节坐桩训练内五行，提高人的内脏活力，平衡人的气血运行，由脊椎的良好性排列改善中枢神经的环境，促使人体生命的整体达到更好的平衡和协调统一，达到养精蓄锐的目的。

端坐搓中节，以丹田和脊柱为中节，练身体中线带动上体的两肋螺旋拧转能力，可不断地用意识测身法的“静为本体、动为作用”；以心为神之居，测人体运动的三唯空间静力和动力，测人体脊柱一枝的动，带领多关节联动的百枝摇，在虚、实，动、静中测浑身的拳术动能，搓中节的训练能够为用拳创造许多灵感。

第五节　立桩练武功

本节列举三种心意六合拳的起势动作，介绍立桩练功。

一、霸王观阵：斜身，左脚向正前方迈一小步，此为虎蹄爪。虎蹄爪的要求是脚跟落地时足的跟骨：攻可砸碎对手的脚背骨；守可限制对手动脚步。两腿要夹，脚趾要抓地站立。两肩和两臂内应有左、右对拨的劲，两上臂的肱骨要向身体的中线内卷，保持桩势三分钟左右，小腹有一气相贯的充实感，形如霸王居高临下的观阵（图11）。

二、熊出洞：接霸王观阵，两肩、两臂膀相互对拉十几公分，两手紧贴腹部，姿势形如“熊有战斗之情，熊有看洞之能”，“熊眼观地不观地”是指以低视高的上下全视，训练眼光的老嫩（图12）。

图11

图12

三、侵扑站（英布站）：侧身站立，左脚在前，脚跟着地，脚尖微翘起离地，右脚满脚着地，脚趾有微微抓地之意，内隐前脚下踩之意，使身体有进身的催劲。左肩在前，两臂继续前后对拉30公分，形如霸王手下的大将英布，正在拉剑出鞘，准备战斗。要求下颌内收，舌尖微卷上顶，气沉丹田。两肘垂在两肋要害之处，肘与手要“出洞入洞紧随身”，随时在肩膀的带动下进行攻防。下颌内收，保护咽喉，两肩对展既是缩小正面受打面积的顾法，又是肩膀领着拳劲走（图13）。

图13

拳理分析：心意六合拳起势与收势动作都各有三种，起势练腾挪预动之势，在立桩中要随时捕捉、抢机遇的眼力。

第六节　选修母拳练武功

传统武术拳种众多，各有不同风格和特点。有些拳种选择最具精髓的招式作为母拳，通过母拳训练“一招精”，由母拳逐渐将拳理延伸到其他拳（招）势中。逐渐由“一招精”，达到“一精知其万事精”。因此，社会武术有“不怕千招会，就怕一招精”的拳谚。母拳是能衍生拳法的拳（招）势，母拳以一生万，且必须有万法归一的前提。

形意拳以三体式和劈拳为母拳，获得“三体重生万物张”，以劈生崩、钻、炮、横，产生五行连环。山西心意拳以猴蹲为母拳，练身躯的缩张；安徽心意拳以踩鸡腿为母拳，训练腿的能力；十大真形是以龙调膀、摇闪把、韧劲为母拳，训练人四肢百骸的功能，被称为“老三篇”。

罗时茂老师在江西传心意六合拳坚持以“老三篇”为母拳，20世纪60年代，罗时茂老师与河南范忠鹏先生结为师兄弟，将范师伯喜爱的三体式和九数歌收录到拳谱中，本章举三例罗老师喜欢的母拳。

一、三体式桩功：该定桩训练阴、阳相合和五行相生，要求按照九数桩法歌，指导头、肩、臂、手、指、股、足、舌、臀的形态，像照镜子一样练“三体重生万物长”（图14）。

图14

（1）身：前俯后仰，其式不劲。左侧右斜，皆身之病。正而似斜，斜而似正。（2）肩：头宜上顶，肩宜下垂。左肩成拗，右肩自随。身力到手，肩之所为。（3）臂：左臂前伸，右臂在肋。似曲不曲，似直不直。过曲不远，过直省力。（4）手：右手在肋，左手齐脑。后手微塌，前者力伸。两手皆覆，用力宜匀。（5）指：五指各分，其形似钩。虎口圆满，似钢似柔。力需到指，不可强求。（6）股：左股在前，右股后撑。似直不直，似弓不弓。虽有直曲，每见鸡形。（7）足：左足直前，斜侧皆病。右足势斜，前踵对胫。随人距离，足趾扣定。（8）舌：舌为肉梢，卷则气降。目张发丛，丹田愈沉。肌容如铁，内坚脏腑。（9）臀：提起臀部，气贯四稍。两腿缭绕，臀部阖交。低则势散，故宜稍高。三体式运用矛盾概念进行阴阳相互转化，桩中有刚柔、虚实、动静的可分性与和合性。九数桩法歌要求左肩成拗，左臂向前伸展，左上臂好似悬挂在胸壁的支架。从拳的结构上，悬臂练脊柱、颈、胸段的良性排列；右手向下微塌于丹田，右手与左手一上一下，均匀桩的应力，“推山按虎”的隐喻身力到手；两腿缭绕，左股在前，右股后撑，稳定重心，内涵是以静力的桩法激发潜能。

二、弓步摇闪（顺）把：是心意六合拳功拳并练的母拳，主要练胯关节、膝关节、脊椎关节、肩关节、踝关节等运动关节的摇顺，构建拳法平衡与传递攻防能量的运动链，使身体局部有能力支撑整体拳法，摸索四肢百骸的局部运动能准确对接整体攻防的参数。卢嵩高大师将摇顺把的行拳取虎的三大特色：一曰收蹲纵扑；二曰转侧拨掀；三曰掉尾如鞭。将虎扑、虎抱头、虎蹲山的拳艺融入行拳，行拳善用比兴思维，取“收如伏猫，纵如猛虎”的形态于拳术收纵的矢量中。

弓步摇顺（闪）把练法如下：侵扑站、轻步站是以和为始的起势，是拳势的初始，两手由下而上是穗子手，接脚手齐上的穗子手，打到与对手下颌同高时产生虎扑，虎扑扑到裆部之前已经是鹰捉，同时藏在前腿后面的腿变化为前腿，前腿未落后腿随，后腿落后前腿追，虽然两腿有前后，不胜两腿并一腿。这种腿法不单是击敌的刮地风或提膝攻击，抢占对手的中门或左右二门，使对手失去重心（图15）。左脚向前踩，上步，前手摸过后肩从耳旁向前出手，同时由前膀领着身体向左转，后手推前肘尖（图16）。接上式，身手齐到，前起，右腿上步向前踩实后，沉身提左膝上左步的同时左脚形成鸡腿的过地风（图17）。接上式，两手向左后摇闪，同时由左膀领着左腿向前上左步，要求身体随胯向下沉，向前挤的纵身的过程，“纵如放虎”。前手中指向上竖直，对齐鼻子，是虎抱头的拳艺（图18）。左腿和两手返回，要有“收如伏猫”的拳艺；此时忽然下蹲有“鹰抓”的拳艺；身体忽然向上有“虎扑”的拳艺；侧身能够产生运动的质量大，拳术能量就大的“熊膀”的拳艺。

图15

图16

图17

图18

接上式，左脚向前踩的同时身体向左摇闪，身手齐到，起右腿上步（图19）。由此，根据练拳的场地大小，向前练习。转身由踝关节内旋扣摆，使身体拧旋向后偏闪，可产生整个身体向下束的劲翻扣对手的前腿膝弯，必定向下动摇对手的重心，再身体斜上的一张，即可把对方撞摔出去。左右式相同，转身向反方向训练（图20）。

图19

图20

附：踩腿摇顺（闪）把练法：起势，轻步站（不同于侵扑站），是突出以和为始的起势。自然站立，左肩领左脚向前上一小步，足跟着地，足尖上翘，身体重心落在右腿。在身体向右侧身45°的同时右手拇指叠于左腹股沟的中间，左手叠于右手并中指为准，使掌指指尖向下重叠，手背朝外。上肢自然下垂，突出的是和；侧身对敌，埋伏的是势。接轻步站，起左腿上一大步前踩，同时，两手由下而上，如同抱婴儿，到左肩高度。右腿紧随左腿半步，后膝藏在前膝后弯，重心在后腿，身体下蹲。提醒：前期训练踩腿摇顺（闪）把后脚跟不踮起，长功夫；后期练踩腿摇顺（闪）把后脚跟必须踮起，这样在单位时间内多出拳艺的变化；踩腿摇顺（闪）把要足尖、肩尖、鼻尖三尖照在一条直线上。接上式，左腿前移半步，右手超过左手高度由前向后侧身摇闪。接上式，起右腿上一大步同时两手由上而下，左手摸右肩，右手摸在右奶旁，右脚前行的高度与左踝平行。左腿紧随右腿上一大步，右腿紧随左腿半步，后膝藏在前膝弯，形成身体下蹲。要求后手推前手，前膀领着走。

从摇顺（闪）把发力架构看，用拳如同用枪，拳法应以中平为宜，以正直为妙。练拳脊柱正直，使脊柱由上而下所承受的质量，经腰骶关节传至骨盆，经骨盆及胯向下传于两脚或一脚入地，既可用重力化解对方来力，又可用支持力起动进步的反击。

脊柱是人的中轴（中节），脊柱与大脑组成人的中枢神经，脊柱又是中医学的督脉通道。拳练脊柱的中正，达到中枢神经畅通与人体重力线的通畅。人直立运动时，脊柱承受着人由上向下受重力形成的质量负荷，如果人的重力线不通畅就容易在旋转应力上刺激与压迫相应部位的脊神经，使椎体关节间隙不均匀，受力不均衡。练拳时中轴不正直，下盘转换不灵，“中节不明，浑身是空”。因此训练摇顺（闪）把要求头顶平、两肩平、两手平、两足平，以脊柱摇闪形成身体的左右对称，身体有左右螺旋的维度；摇闪把之中的虎扑如同双手持大枪的上步出击，两臂发力形成有身形的前后相称，有前后的维度；这是在二维中练拳法，更重要的是练拳不可缺少上下相称的束长架构，懂得人重力线需要通畅的下传到地心，并借重力和与重力成对的支持力练脊柱的弹性，调整上体平衡使中枢神经畅通，重点是提起臀部，使气贯四梢，两腿缭绕有利于身体平衡及神经畅通。技击时人的腰脊中正，身体就平稳，并由脊柱关节形成身形状如弓，由四肢的弯曲使拳法有五弓的张力，用拳就有弹性势能。力由脊发时，脊柱蓄劲如挽弓，脊柱发劲如放箭。搜脊柱关节的重力通畅下传。摇顺把中的虎抱头如同提枪拦截，升高两肘拦截的拳架，必将产生降低两肘的拿法。整个身体向前冲撞，就如同枪法的扎枪。

古心意六合拳的每个套路都包含裹、践、钻。（1）裹是以人体小腹为质心带动头、肩、肘、手、胯、膝、足、臀等关节，掌握多种力系下的平衡，质心一动，整个身体的进、退、起、落都有大质量产生的大能量。其裹而不露，如同饿虎扑羊，将羊裹紧。（2）践主要是腿向前进步践踩，起腿抢步，胯、膝、足踩进对手的重心，要求脚步如同踩毒物一样准确。（3）钻主要是纵身的扑劲，要将整个身体的质量转变成拳术攻防的物质与能量，还有脊背螺旋产生的拳术起落的角速度。钻也指以头上领之力促使挺颈、拔背、提中节，是脊柱带动身体向前上方“钻”起的“进身”之法，达到如同蛇拔草的效果。

三、叠肚功：指经过静力桩功的养精蓄锐后，方可训练由静生动的叠肚功。人的脊柱比喻成帆船的桅杆，腹肌成为减轻脊柱荷载的拉索，小腹以波纹形式的折叠运动，沿小腹部折叠伸缩方向连接成螺旋转动，腹肌旋转使小腹部内压力的容积变化，形成无限小的角位移物理量，腹肌形成脊柱的线形拉索，腹腔内脏动力有方向性地促使内力传递。将小腹的折叠运动内隐，如同火车头的引擎处于发动状态，随时能把铁轨上的机车带动。叠肚功看似难以捉摸，高深莫测。其实是以小腹进行腹腔内脏的上下及左右的翻滚运动，既使腹腔内脏得到良性按摩，提高腹腔的内动力；又提高小腹（丹田）传递拳术的物质与能量的能力。在小腹翻滚起伏中，潜意识地蕴育人体最大的动能。叠肚功以“实其腹”充实人体应力，平衡人的气血运行；叠肚功以静测动，测人体运动空间的六方，小腹的螺旋与弹性随时为技击行为的任意方向传递杠杆力量。

练母拳要懂胯为拳术承上启下的“龙腰”及“肩要催肘，肘要催手，胯要催腿，腿要催足”的三节起、随、追，脚步投送攻防的物质与能量。

第三章　古心意六合拳的拳艺训练

心意六合拳的拳艺不仅用于拳术实战，而且可用于促进生产劳动、提高人的生活质量、指导为人处事及谈判等，本章只谈用于技击比赛的拳艺。用于技击比赛的拳艺，是将通过拳术修炼增长的智能及体能和技能组合，模拟拳术的各种对抗，由四肢百骸以接近实战带有攻、防性质的变通形式进行习练。当武功已经将躯体和骨关节练到生理的最佳状态后，练拳艺就是把多关节联动产生的技击攻防手段，试着通过摸拟性的习练用于真实的实践。我们知道，练拳术和体育训练都可强身健体，但体育练到身体再强壮，也不懂得拳艺，拳艺的技击之术不单是四肢发达的能打，还要凭智慧，用好拳术的智能、体能和技能，达到“顾其身家，顾其性命”。如果练拳艺是为了打人，在和谐社会里，可能一辈子都用不上。

练心意六合拳的拳艺，要求意象隐喻十种动物的灵性，传递拳术的技术理念：“龙有搜骨之法，虎有扑战之勇；猫有捕捉之妙，猴有纵身之灵；鹰有捉拿之精，熊有战斗之情；蛇有拨草之巧，燕有取水之能；鹞有侧翅之力，马有奔腾之功。”用拳以鸡腿、龙腰、熊膀、鹰爪、虎抱头、雷声为身法的六势，以头、肩、肘、手、胯、膝、足联动出拳术的实战艺术。初级拳艺几个月就能学成；修炼高级的拳艺，是得道；得道要以培育文武双全的人才为练拳的目标，不仅要增长智、仁、勇、能，而且按照《谱论》的要求

“得和平之理，会和平之原”，“和平之理”是国学的阴阳、五行、六合等知识；“会和平之原”是以《谱论》及科学知识丰富人的经验、谋略及眼光，促使拳师知书达理，思想有建树，内心有高境界。

心意六合拳的《谱论》文字纯精、语法通畅地提出：围绕顾其身家性命的“顾”字修炼牢固的防御，拳艺重视“墨守”。但当代人练该拳已转变成单为打法而练，因此有的人练了几十年拳都不懂得高级的拳艺。殊不知，当代人围绕“打”字而练的拳不符合《谱论》，拳艺失去“顾”法的人属轻狂而燥率者，用拳不懂得“顾”是不懂兵法。

拳艺的“顾”是积极主动的防御，由顾到打、顾打结合：（1）修炼“势势如虎扑，把把如鹰捉”的拳艺，为的是掌握“拳打不空回”的拳术本领。（2）练鹰、熊二势的拳艺，为的是以身体最大的阴阳变通，获得最大的拳术势能。（3）“尽其志、备其勇、全乎其和”的用拳，为的是化拳艺的玄妙为平凡的操作。按照谱论中的《十法摘要》练拳术实战的艺术，是通向高级拳艺的必经之路，训练拳艺是将所有的武功转换为用兵之法，如同要将人的心、身能力进行如同全民皆兵的分工，心为元帅，身体与胳膊和腿为五营，心、身合一实践拳术阵法和阵势。

古心意六合拳的拳艺符合“不动如山岳、难知如阴阳、无穷如天地、充实如太仓、浩渺如四海、炫耀如电光”，实战时，能去、能就、能弱、能强、能进、能退、能柔、能刚，随机应变，随时随地发挥内动外随的动静、进退、起落，练出上乘的拳艺，用拳如同七音七色可无穷无尽的变通。古心意六合拳的拳艺核心是“打法须要先上身，脚手齐到方为真”。在拳法起落、进退中“能要不是莫要停”。内心强大的智慧与能量促使用拳行为敏捷，见势如夺，似猛虎。古心意六合拳的拳艺之巧，是拳法之势定于对手咽喉，攻重力枢纽而取胜。

第一节 鸡腿的拳艺训练

古心意六合拳将人体工程学用于拳艺，重视腿的能力训练，因为腿是人身上最有力量的部位，生活中腿是移动身体的推进器，踝是方向舵。心意六合拳历代拳师以腿有行程之功为“六势”之首，鸡腿的拳艺包括十大动物的综合腿法，训练目的是将上体的拳术行为能力安装到腿上，组织“以步为奇”的攻防，如同军事组织战斗力及兵力投送。

踩腿的步法象形鸡腿迈步，但是鸡没有多轴性的髋关节及膝关节，鸡腿不能做多轴性的提膝攻防、屈伸、收纵、旋转及反侧等攻防运动，将使拳劲出现内、外脱节，而踩腿的拳艺主要是练如虎之行的“踩定中门抢他位”，如虎捕食是“鸡腿”的妙用。

抢劲踩腿的拳艺：（1）练人整体质量的移动，腿的长度是人身体长度的一半，腿的质量是人整体质量的一半，腿脚的移动带动人整体移动。踩练抢步或蹬劲可将人整体质量变化为能量，两腿的蹬劲由腹部向下传递，并增强单腿支撑全身平衡的能力。以腿法将整劲集中到一点上运用，被隐喻为“虎借山势”。（2）踩练腿守卫自己门户的功能，足是拳架下盘的第一道门；膝是下盘的第二道门；胯是下盘的第三道门。由三道门形成多层次纵深防御，提膝护裆的动作消除了裆被击的危险，保护腰部以下部位。遇他人抢踩中门时，瞬间做出剪步，或践后腿将对手抢踩的腿绊出中门，对手必然会失去重心而倒地。绊步防守被隐喻为大鸡步、小鸡步两种。

（3）踩练腿的进攻功能，是将人整体的拳术能力安装到腿上，按“右腿未起左腿随，左腿未落右腿追，虽然两腿有前后，不胜两腿并一腿”，练出“以步为奇”的进攻能力。动腿变通拳法时，胯、膝、足是联动的，称作古心意六合拳的第四把。这一把练习拳术攻、防中人体重心不断地在胯、膝、足的转换，练整体劲匹配重力，脚步把握力的大小、方向、作用点、重心，重力作用点就是重心，练“君子学拳护重心”，攻对手重心。

抢劲踩腿练法：身体立正，行抱拳礼的同时就要明白眼前、手前和脚前的战斗之情（图21）。接上势，左脚向正前方迈一小步，此式名为侵扑站，左肩的力向左、向下，右肩的力向右、向上，内隐对拔劲，对拔使小腹充实地储蓄能量（图22）。接上势，斜身左肩领着左脚提膝向前迈出弓箭步，步借身体的质量向前冲，如同汽车行驶中刹车出现惯性力。胯前冲同时两股相夹，如同剪刀，后脚的蹬劲传递到前肘，要求后脚稳实，不允许有稍微的移动。左肘与左膝的内侧对齐，左肘心朝上的同时上臂旋转45°，使左掌成为阴

图21

图22

阳掌。左脚向前下踩，右腿蹬直成弓步（图23）。接上势，左腿平行地面，提右膝，起右腿，上步时两膝相擦，两胫骨相摩，右脚不允许马上落地，重心完全在右腿的胯、膝，右足前蹚时向前踩步，踩时胯要催膝，膝再催足。脚步下踩时，脚跟先落地（虎蹄）。脚步的每一动都是前腿起，后腿追；后腿起，前腿随，并脚趾抓地（图24）。接上势，提左膝时抬膝、贯膝，左足前蹚时两胫骨相摩，形成虎借山势的前冲（图25）。接上势，腿蹬直成弓步，后脚不拔跟。由此反复向前训练胯、膝、踝三节的起、随、追，步不

图23

图24

图25

落空。接前势转身，在左（右）弓步行走的基础上转身练，先以两脚跟为轴，身体向后转动，后肘对准前膝，“两头回转寸为先”的把握距离、角度和方向，两肘前后相交，两手成十字拉开距离，继续向反方向踩腿。鸡腿的提膝和垫步，往往产生“腿快人半步”的追步（图26～图29）。

图26

图27

图28

图29

拳理分析：踩腿重点是训练后六势为前六势投送实战能力，对手的前六势同样如同扎枪的枪尖，如果对手的后六势缺乏训练，只要阻挡对手的枪杆就改变对手枪尖方向，对手就找不到力的作用点。

附：练踩腿要符合“慢功出巧将”的功理，宁可慢练一趟功，胜过快练百趟拳。慢步踩腿的行功，由图23到图25要求脊柱竖直，左（前）腿下蹲到平行地面增加武功训练的难度，小腿与大腿呈汉语“之”字状越标准，身法缩长的劲就越大，此时身体不前倾、不上起的慢起后腿，提右膝上步时要求两膝相擦，两胫骨相摩，右（后）脚不允许马上落地，这是“慢功出巧将”的功法之一。练踩腿时前腿不下蹲到平行地面，运动关节的负荷就过小，不能促进关节的机体发生有力的变化，达不到锻炼运动关节的目的。慢功、快拳，一慢、一快地认识武功和武艺的不同训练。以慢功修炼生理功能，如果踩腿的起腿出现身体前倾或后脚马上落地找重心的情形，都是无功行拳。

第二节　龙腰的拳艺训练

中国人将脊柱称为龙骨，而龙腰是指胯关节及脊柱关节带动身法灵敏运动。练龙腰的拳艺要懂得：（1）胯在腰的两侧，承上启下地将大腿与上体连接，胯的部位不仅是身高的一半，而且胯的髋关节是多轴性关节，能做屈伸、收展、旋转及环转运动，胯与脊柱是心意六合拳的龙腰。（2）感知“三回九转是一体，左右转动不停势”。三回指拳法有三组相互对立的运动空间，设人左右运动空间为x轴、上下运动空间为y轴、前后运动空间为z轴，髋关节带动身体在三组互相交错的对立面中做多变数转动，就是心意六合拳的龙腰在三维空间九转。

例如，y轴的拳法借重力场及与重力相对的支持力，就是借势。

龙腰既要练髋关节多轴性的运动功能，又要练脊柱周围的背肌承受作用于躯干的外力，要求身体重量经脊柱向下平稳传递，以正确的姿势养就脊椎良性排列。从人体脊柱运动力学看，脊柱有4个生理曲线：尾骨部位曲线是人体运动中轴固定不动的舵，舵可变动上方3个生理曲线。拳的身法必须有椎间盘的椎体关节变动，23个椎间盘齐动可如同宇宙的螺旋运动，龙腰有宇宙螺旋运动规律和能量，有竖直方向的缩长之势。脊柱关节是改变实战中身法空间和方位的枢纽，椎间盘及椎体关节承担侧屈身体等运动；椎间的矢状位小关节承担伸、屈和旋转的运动；练脊柱是练以脊柱筋健的拉伸，润滑椎间盘并提高脊柱生物能量的贮存，为拳法蓄势。用拳凡是欲长之得力，必须以缩蓄势，缩与长变通身法的角度，增强拳法的劲力传递。

练龙腰的拳艺既是练身法灵敏，练身体在螺旋中获得拳艺的角速度和加速度；又是练拳术的物质与能量，训练身法借宇宙螺旋运行的规律，训练身法借重力势能。突出在人体三组互相交错的空间用拳，要以丹田为外五行的土，“土生万物”指以丹田为质心带动外五行；外五行的金，指肩、手的拳法；外五行的木，指人体正面的拳法；外五行的火，指人体背后的拳法；外五行的水是腿法；外五行“和”，人的身法就灵敏。外五行“通顺”，拳术行为就能够精确及时。

龙形拳势只需身法灵敏、身姿活泼，手无需用力，要求两臂放松，两肩对展，由脊柱带动身法与心相印，以丹田为人体质量的质心向四面八方传递劲力。龙形拳势要有宇宙螺旋运行的规律，包括侧身向前贯穿空隙、空间的进攻，及后退的缩身。缩身既是缩小空隙与空间的防身，又为起身进攻蓄了能量。

例举，心意六合拳的揉中节，训练龙腰带动的身法。

揉中节练法：揉中节训练以“米”字形的旋脊传递能量到肩、胯、肘、膝等身体的攻防部位，达到身法整和提臂送胯等行为有整劲。身体自然站立，左脚向左移动一小步，使两足宽度为一米。腰椎骨前曲的同时，左上肢紧靠身体，由上腹部弧形向下腹部做回旋运动，揉中节以脊柱与骨盆为轴心，小腹带动身体进行“米”字形运动（图30～图33）。

图30

图31

图32

图33

拳理分析：心意六合拳重视练人体脊柱的良性排列，脊柱的“一枝动”带动四肢百骸的“百枝摇”，随时以身体的质量产生拳的能量。揉中节以脊柱引领身体做生理允许的最大角度拧转，练脊椎关节的灵活及脊椎的良性排列，达到脊椎为中轴的身法能八面灵通。

练揉中节强调脊椎的抻缩、拧转、翻滚等能力，使脊椎变得强壮而灵活是训练的核心。以简捷明快的身法为实战训练的重点，手膊随着脊柱做“米”字形的扭拧和旋转，增进脊柱周围肌肉组织的收缩力，提高神经系统反应的灵敏，增强腰脊肌的张力和收缩力。龙腰后仰时手由外踝上揉至后腰，使脊柱边缘的韧带得到牵张反射，增强了以脊柱为人体中轴对全身的牵引力，并提高脊柱维持重力平衡的能力；两手紧随身体运转起到按摩经络作用，提高经络的调节能力；手由后腰回心窝的旋转，搜练由足底经胯而上到脊柱的节节贯通，奥妙是以脊柱的扭拧调整手、脚在实战中准确到恰到好处的度。

心意六合拳以龙腰练脊柱束、长的能量，束、长的姿势要求人的下颌内收，胸部挺起，腰背平直，挺膝，时而两腿直立如松，小腹微收，整个骨盆的前倾是身体的长，时而脊柱及两腿下蹲，由束蹲产生身体的长。身体的束，是脊柱和脊肌力及腿忽然下蹲的重力产生竖直向下矢量，是借重力之势用拳；身体的长是下蹲的两腿与脊柱如同弹簧的弹起，是借支持力之势用拳。

例举，趸中节训练龙腰的束、长能量，释放龙骨的威力，使拳术攻防上的起、落能用上重力和支持力。

趸中节练法：找一个非常牢固的50厘米左右高度的枣木凳子（增加弹性），训练前先试坐凳子，然后起身，左手上举，掌心对准鼻子，右掌背击打左掌心，然后右掌紧靠左臂内侧下钩，同时沿左臂外侧翻转而上，左手掌心压右手掌背，形成单把（图34、图35）。

图34

图35

拳理分析：龙腰是练两胯承上启下及身体的左右螺旋，包括练身形在竖直方向的束、展，拳法上没有身形的束、展，打击的能量就不足。拳的束、展形成拳法上的物质与能量，这种能量关系到骨、骨连接和骨骼肌三种器官，拳术任意动作是由人的肌肉纤维伸屈完成偶力组。趸中节根据人脊柱运动力学，练脊柱在竖直角度分解外力的冲量和脊柱抗震荡能力，脊柱向上下束、长，产生分解对手进攻劲力的角速度。趸中节要求头顶向上顶，盘骨向下沉，躯体上下对拉。以骶冲击力训练龙骨的运动排列，滑润椎体和椎间盘的结构，增强龙骨抵抗震荡的质量，强化整个上体的活动能力。趸中节练脊柱应付突如其来情况的质量，在竖直方向主动分散或改变外力的方向。以脊柱调整身形平动或伸展的动量，人伸懒腰的行为也可使张力透达四肢。另外中节的拳艺也训练“如虎之恨，如龙之惊”的内劲。

例如，大劈的拳艺先由低身做长身而起的上步挑领，紧接沉身的大劈，整个后六势如同被压的弹簧突然弹起就是束展。束展的提膝可应急，束展的蹬劲使行为出在不甚捷。踩腿的每进一步，都要把握人体的重力线和攻防的重心，提膝和蹬腿以头和脊柱为轴心，练腿移动身体的动量产生技击的冲量。踩腿练腿法的“起无形，落无踪”，实践拳法的兵贵神速，“去意好似卷地风”的“脚踩中门夺他位，就是神仙也难防”。

练龙腰从日常坐、立、行开始，训练两胯承上启下及身体的左右螺旋，训练脊柱的颈曲与腰曲，随时随重力的变化和身体平衡的需要调整生理曲线曲度，使拳术运动中的重力线经齿突下至骨盆，并下行于髋关节额状轴平面的后方，相当于膝、踝关节的前方，练脊柱的重力均匀的经腰椎间盘及骨盆后部传向下肢至足底，练应力对称使重力平衡。练重力与支持力的运用，达到拳法可顺其自然的借势。正如古心意六合拳的《谱论》指出，脊柱的一枝动，身体的百枝摇。原因是人类进化到直立行走前脊柱是横着的脊梁，而人类从爬行进化到直立行走，脊梁变化为直立的脊柱，脊柱承担身体质量的重力，重力的平衡影响着周围的神经和血管以及人体气机的畅通，也会影响到周围的神经及脊髓在生命信息的传递。

第三节　熊膀的拳艺训练

心意六合拳熊膀的拳艺丰富多彩，有熊的肩膀，有鹰的翅膀，有龙的臂膀等。熊膀主要指发挥强有力的肩打，要求身法带动暗藏的后膀打和肘打，两膀前后互换是攻防制导行为默契的配合。熊膀有多种多样的练法，本节介绍正、反韧劲式的熊膀训练，还可良好地增强耐力，充沛体能。

心意六合拳化枪为拳，拳势如同枪势。拳艺以头、肩、手为前六势；后六势劲软，指腿法及身法如同枪杆，枪尖的威力靠枪杆连紧追随的投送；拳艺以胯、膝、足为后六势，后六势的胯承上启下，保证攻防时浑身的劲集中在一点；用拳最大的奥妙是如同用双头枪，两膀如同双枪尖，用拳由三尖相照使攻防行为有的放矢。

正韧劲练法：起势，侵扑站（图36）。左脚迈出50厘米，右腿下蹲，同时身体向左旋转，右膝贴于左膝弯，后腿的“之”字形是下三节最佳的弹簧结构（图37）。接上势，两手的三节同时前后拉开，上臂保持似曲非曲、似直非直的矛盾弯度，两掌中指对地，两手五指似荷叶张开，右手小指和肘尖向前，两手前后牵扯，使两掌心和手指有灌气的感觉（图38）。

图36

图37

图38

接上势，起左脚，上体左转180°，右肩对齐轻落地面的左脚尖，身体上下束而为一，同时右手贴脐下插，搂抱左胯，左手前伸，两肘相合，练人体多关节和韧带的幅度（图39）。接上势，左脚尖微提起，向前下踩，右腿提膝与左膝相擦迈出惊劲的大步，前腿进，后腿随。同时左脚跟步于右脚后方，后腿落地后身体下蹲，右膝贴于左膝上，右小腿与左右大腿形成90°角，同时两手拉开，练上肢韧带的伸展的韧性劲。接上式，上体拧转，左肩的肩尖对齐轻落地面的右脚尖，左手下插并抱右胯，右手前伸。接上式，右脚提小步下踩，左脚向前迈步，右脚上跟步于左脚的后方，两手前后拉开，由此反复训练。

反韧劲练法：反韧劲与韧劲训练基本相同，只是增加了后腿变前腿的过步，并由踝关节制导步的方向，形成脚步相反，以转动头和躯干及四肢等局部的质量和角度稳定重心，在大质量的身形拧弹中，小腹带动四肢反身顾后，侧身顾左右（图39、图40）。

图39

图40

拳理分析：韧劲与反韧劲都是以正、反运用脊椎运动的半径，训练身体大质量瞬间的正、反角速度，产生拳术的大能量。属于练四肢百骸的联动和骨结构的搭配的拳势，重点是以拧胯转膀获得拳法的能量和灵敏。韧劲式要求两肩在身体的翻转拧插中前肩变后肩，产生一阴一阳的质能互换；反韧劲是身体质量在动静中正反角度的旋转，变化出身法的奇正。反韧劲式要求身体左右旋转180°，奇正相生地获得最佳的攻防空间和角度。总之，韧劲与反韧劲的训练，都是练以身形的拧弹产生以肩为进攻的主力，正反转动身体的中轴形成肩膀一正一反的角速度，就产生了势能惯量和弹力。

第四节　鹰捉的拳艺训练

本节例举鹰在长的起落把，练“把把如鹰捉”的拳艺。

训练方法：由侵扑站起势，起左脚，举右臂上挑至头顶，右臂贴在右耳旁，右掌心朝上，掌背朝下，肘内收朝前微弯曲，左手自上而下贴身往下按到裆部，两手上下对拉（图41）。

图41

接上式，右手向下砍劈，左手向上穿插并以掌心护腮颊，两肘贴身。左腿屈膝下蹲，右腿在右手下劈的同时迅速贴于地面（图42）。右脚不落地属“慢功出巧将”的功法，如果右脚落地，就只是在练拳艺。接上式，右腿向前跨一大步，右手由掌自下而上挑起，手臂微曲，拳挑至与自己的鼻等高，隐喻冲天炮。左手从右腮沿前胸部往下，按出“鹰捉四平足下抛”的拳艺。沉劈是落，挑领是起，起落中两手有将物撕开之意（图43）。

接上式，右腿向正前方垫一小步，左腿顺势跟步与右腿并齐，身体立起，右手不动，左手随足同时自裆部沿小腹前胸再经右臂直至右掌背虎口处，形成“阴门叠壁地翻天”的武艺（图44）。接上式，两手用力下按，左腿向前迈成左弓箭步，两掌往下按。

图42

图43

图44

拳理分析：鹰捉和熊膀是拳法的一对阴阳关系，鹰捉是精确的捉拿，熊膀是捉拿后的肩打。因此，训练中隐喻鹰有捉拿之精，练好出手不空回的扑捉能力。鹰捉和下节将训练的虎抱头的拳艺往往是一对阴阳关系，心意拳突出“鹰捉四平足下抛”的拳艺，图44的鹰捉式，正是产生抱对手的头往足下抛的拳艺。以鹰捉修拳的束、长能力，沉身的劈是鹰的（束）落，起身的挑领是鹰的（长）起，起落中两手有鹰将物撕开之意。以鹰形隐喻：起是去，整个身体起如水之浪翻；落是打，整个身体落如水之浪绝，一起一落奇正相生的缩、长身体。鹰捉的拳艺，要求拳术善用垂直地面的力矩与合力矩，以鹰捉向下拉扯对手的上肢，必将使对手的肩关节连带脊柱向地面下跌。

罗时茂老师传播“阴门叠壁地翻天”的拳艺，把人的头顶称为天，下颌称为地，人的胸脯称为一堵墙壁，手心为阴，手背为阳。足踩中门的上步，手心由下而上将对手的下巴推到头顶的位置是地翻天。而鹰捉类的拳法是身体借由上而下的重力之势及身体借由上而下的支持力之势，使用整个身体的质量的拳势，打对手由翻天继而又覆地。如此，将鹰捉练之以纯熟，用之以自然，拳法常有神仙不测之妙。

第五节　虎抱头的拳艺训练

虎抱头的拳艺范畴很大，主要指用上肢的肩、肘、手保护好自己头、颈部，同时又用上肢抱扭对手头、颈部的搏杀之能。在拳术的实战中，颈部有人的主动脉、经过颈部的中枢神经和大脑都是人的命脉，头部还有眼睛、鼻子、耳朵等薄弱器官，都是容易受伤的部位。虎抱头突出了以上肢顾头、顾颈部同时可抱拧对手颈部和头。以顾头为拳术中的头等大事，顾好头、颈的安全，浑身有主，身体在拳术实战中才能够随机应变。

心意拳训练虎抱头的拳艺，有多种多样的方法，本节例举乌牛摆头（角）的拳式。

乌牛摆头训练脊柱带动手、肘、肩的起落，练脚步到肩膀，头的力臂，是犨柱势的拳式。乌牛摆头的拳艺表现为中距离的肩打与头打能力，腿蹬出如同虎借山势的劲。因此，要练浑身是劲在一点的整劲，使腿劲经小腹传递到肩、膀、手等部位，产生有犨杆之力的肩、肘打击能力，要求身体上下有如弹簧的伸展冲量。

训练方法：左式，身体侧身站立，左脚向左前上步，同时左手呈向前亮掌护头式，出掌（图45）。接上式，右脚向左迈出一大步，同时右手由下而上向左前方护头并进攻，左手由上而下、由前向后括身防守，左肩保持进攻能力（图46）。

图45

图46

接上式，右手由上而下括身防守，要求右手先摸左肩使两手像剪刀交叉。左脚向左侧前方迈出一大步，两手和两脚像剪刀交叉，左手由下而上，右手由上而下，手借身动的势剪开，左手护在右耳。右腿蹬直形成肩打左前方，身法成为杠杆的牮柱势，使头部向前进攻有脚底向上传递的劲源（图47）。右左式相同，可正反方向反复训练。

图47

拳艺分析：虎抱头的拳艺范畴很大，凡上肢保护头脑的拳艺，都属虎抱头，乌牛摆头只是其中一种表现形式。虎抱头的拳艺是掌握两手交互并起并落，起如抽，落如钩的双手之法，要求手起撩阴望眉攒，起前手撩阴直接到护头的高度，出后手也护头，顾法保头同时兼顾带打，上肢攻打对手的咽喉和头。

虎形的拳势“大抵以中平为宜，以正直为妙”，用起来都是起手如虎之扑人，手落如鹰之捉物。而且要知“手足之法，本自相同，而足之为用，亦必如虎之行，无虎之行莫然后可也”，如虎之行产生 “收如伏猫，纵如放虎”的身法。例如，摇闪把是由下而上的出手，前手的中指对齐鼻子向上竖直，手臂由下而上护头，在顾打结合中，通常顾法在先，打法在后。实战的防守行为都属于顾法，虎抱头与摇闪把的拳艺类同，都能够猛然起身举手和提肘护头，以上臂保护头脑，而且用虎抱头的拳艺防守时，单手或双手都可抱扭对手的头和颈部，甚至达到如同“十字固”，使对手必须服输。因此，虎抱头的拳艺不仅要解除自己头部被攻击的危险，而且由防守转变为抱扭对手的头颈部的进攻。也不排除直接用头进攻。

第六节　雷声的拳艺训练

自然界的雷声是天地阴、阳的对抗，造成空气急剧膨胀的压力变化产生巨大的冲击波，冲击波就演变成声波，雷声伴随闪电而来。雷声的拳艺同样是人体阴、阳形成的气体之充，内五行一发响雷声。

心意六合拳有两种雷声：（1）一种如同自然界清脆响亮的“炸雷” 声，以汉字“咦”的语气发出像爆炸声一样的声响；（2）另一种如同自然界低沉的“闷雷”声，以汉字“和”的语气发出像滚动的隆隆声响；拳艺的两种雷声都是拳去雷动的释放内能量，以内劲外发物理矢量，张扬自己的声势，先声夺人的达到压倒对方的气势。雷声也是拳术攻防的顾法。心意六合拳练两种不同的雷声为拳艺，用汉字“咦”的语气练大雷声，从“咦”的基本字义看，大雷声让人惊讶；拳用汉字“和”的语气练小雷声，小雷声是由内向外舒气的肺动，调节呼吸功能和拳术的韵味并发出感叹的信息。雷声以词语展现人的内实力和气概，又将声音变化为对身手的指令，如同军事惯用的先声夺人。雷声作为一种拳艺与中国人使用表意象形文字有关系，中文的语言区，是人大脑中的前脑的布洛卡区，该区与大脑运动功能区紧密相连，靠“运动”来记忆。而使用拼音文字的外国人特别是西方人的语言区，是人大脑中的威尔尼克区，使用中文的人用不到威尔尼克语言区。因此，中国人用自己独特的语言区，管制语言的记忆与理解，并且可用语句和语气训练武艺的雷声。

练心意拳的大、小雷声：大雷声发“咦” 的语句，是与武术事物有效应的组织和器官，以声造势的发挥有效的生理作用。小雷声发“和”的语句，是练布洛卡区的神经探测能力，用心理效应协调以发“和”音，发出内心的牢骚。或以发声激活人的嘴、咽、舌、唇和其他与语言动作有关的肌肉，武艺的大、小雷声是武术前辈在自然语言的基础上，为武艺的指谓需要而创意的信息载体，“咦” 与“和”的语气传递人的内心态度，疏通肺气，以气增力并且消除内心的牢骚。

大雷声的站立训练：选择有回音的场地，例如，桥下。训练时舌尖顶上腭，以内气自丹田生的积聚，内气突然向上冲出，气体冲出口腔发出“咦”的声音。一般训练三声为一组为宜，每次训练十二组。

拳术的雷声其实是一种腹式呼吸方法，由腹肌将劲源传递到横膈膜，以横膈膜震动的内压力增强均衡的整体弹力。在练拳的过程中轻声地发“和”的声音调节呼吸，可隐喻以和为始，以和为终的练拳。

雷声的行功训练：左脚前行一小步，右脚顺左脚前行的势跨出一大步，左脚跟随半步的同时气自丹田生，声音随内气突然向上冲出口腔，发出“咦”的声音。发雷声时两手可同时上冲，或向下按。雷声洪亮表现出拳师的精力旺盛，雷声的拳艺还是一种见机行事的信息方法，以声音制止对手的行为。在《三国演义》的故事中，张飞将军曾大喝三声吓死曹将夏侯杰，喝退百万曹军。

拳艺分析：用拳“心战而内动，气自丹田生，如虎之恨，如龙之惊。气发而为声，声随手发，手随声落”，懂得内、外五行的“口舌通于心”，做到“肺动阵雷惊”。这种丹田由内向外发出的雷声，是将丹田修炼而储存的内能力，通过雷声分配到四肢百骸备用。由此可见，修炼古心意六合拳的雷声，是修炼拳术能量与能力运用的重中之重。

第七节 以步为奇的龙行拳艺

“以步为奇”要把拳术的行为能力安放在腿上，腿是拳术实战能力的运载工具，如同当今军事导弹需要运载火箭推送。以腿法掌握“消息全凭后脚蹬”，达到“与人交勇无许差”，就要练胯、膝、踝三节的联动，由踝关节为拳术制导。建议增加跳绳等使腿法敏捷的训练内容。

跪式坐胯拉筋：脊柱竖直，保持身正，两胯放松下坐。两膝合并，胯、膝、踝关节外斜撒开，脚背贴于地面，对拉下肢的韧带（图48、图49）。跪式坐胯拉筋以10分钟以上为度，每天1次。

图48

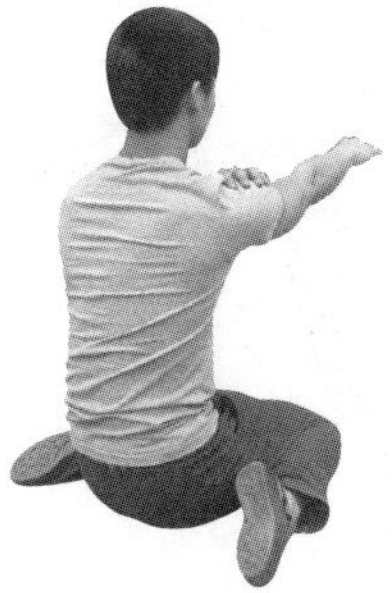

图49

功理与医理分析：跪式坐胯拉筋使上身的重力均匀地下行到两胯，拨拉与拳术“以步为奇”相关的韧带，重点是拉伸腿部的筋腱而达到腿部筋软，达到腿的筋灵活有力，满足以腿灵活移动身、法、步的生理运动能力。在跪式压腿的同时，可增加前六势劲硬的训练，即逐个摇转上肢关节练两臂拨转之能，达到动臂生风。可预防腰腿疾病。

介绍一种简单的立式压腿，该压腿既拉腿筋，又能增进腿部与人体中节的拳术角速度，训练最大限度的步进、身转等变通能力。按照古心意六合拳“后六势筋软”的要求，训练立式压腿的拉筋，促使腿部的韧带及脊椎得到良性的拉拨，随时保持出腿灵活与精确打击。

训练方法：身体中正，自然站立，被压腿平行地面，架于同胯高的物体上，脚尖向上、向体侧回勾（图50、图51）支撑腿的膝部挺直，髋部稍向后，上身向前旋转最大角度，左肩与右足尖对齐，或右肩尖与左足尖对齐，支撑腿不能拔跟，拔跟不如不练。

图50

图51

拳艺分析：立式压腿要求脊椎旋转，前肩对齐足尖，向前下俯压，拉伸腿部韧带、肌腱，增强膝关节韧性。

介绍“以步为奇”的龙行，具体要求是身、法、步在S线上行拳，特点是斜身拗步十字行，有龙形拳式行功中的转翻艺。

训练方法：由起势，起左（后）腿向右横渡，使左脚迈到右脚的前方，形成斜身拗步，左手上举过头（图52）。接上势，左手随身体的下蹲自上而下的甩动，右臂随缩身而由下向上旋转，当右手上举超出头部时斩手加反背，同时立剪子股势的沉身（图53）。

图52

图53

接上势，身体随左腿下蹲到与胯膝同高时，提右腿向斜前方蹬出身体的冲量，横纵展肩，同时左手护腮，右肩下砸，形成犁柱势（图54）。接上势，左腿借右腿的起身转翻，同时左手护于右肘，使后续的攻防行为有两手的合作（图55）。接上势，起右腿向左横渡，右脚迈到左脚前方，形成斜身拗步，右手随身体的下蹲自上而下的甩动，左臂由下向上旋转，左手上举超出头部，左手下劈的同时沉身（图56）。接上势，身体下蹲时忽然起左腿，上步砸左肩（图57）。接上势，右腿就近左腿的起身，同时右手护于左肘的竖直向上（图58）。接上势，起右腿形成右弓箭步，两手同时由上而下十字交护对拉，此时脚步已完成在大S线行走（图59）。继续转身练在大S线上行走。

图54

图55

图56

图57

图58

图59

拳艺分析：拳的龙行是隐喻为龙在行动，练拗步和身体螺旋为身体行进要素，以身体旋转的角速度为进攻之辕，身形纵横和起伏在S线上如龙腾。斜行拗步以脊柱为中轴，转体积聚拧腰搁横的动量，龙身大劈大裹、小劈小裹。起伏有上下束张的冲量和拳术的角速度。身法的旋转结合拗步形如龙的转翻和通达，以身体的螺旋使劲力叠加。

龙行需要练膝关节旋转屈、伸、扣锁、弹起的能力；需要拉长腿部筋健，增强腿部韧带的幅度达到腿法灵活；需要练踝关节的扣裹和摆缠，踝关节向内的扣裹是身体拧旋的偏闪，能以整个身体向下束的劲翻扣对手的前腿膝弯，身体斜上即可把对方撞摔出去；踝关节向外的摆缠，既是身体拧旋的反攻，又是拧转抢位，以左右的膝法动摇对手的重心；踝关节是拳术运动方向的转向器，要踝关节有的放矢的制导腿法；练脚底是拳术实战的绊马索，阻挡对手前进的步伐。

第八节　以手为妙的拳艺训练

练上法以手为妙，是练手、肘、肩在身体的带动下巧妙应用手的拨转之能，拨转对手的拳法离不开腿法和身法做手法的后盾，如果“前六势没有后六势传递的能量”，再巧妙的手法也没有拨转的能量。例如，一旦人的腰、胯有毛病，拳法就打不出拳劲。

穿拳原地练法：身体侧身站立，左肩前领，左脚在前，脚跟着地，脚指下扣，右手握拳贴于肚脐，左手掌贴于右拳，以静视动。左脚向左开步，左手前伸、右手后拉，身体下蹲。左手抓拿回收，同时右手向前冲拳，右脚蹬直（图60、图61）。承上势，身体向后转动时，右手抓拿回收，身体向后拧转时，左手向前冲拳（图62、图63）。

图60

图61

图62

图63

拳理：穿拳是拿打，用身体的势能出拳似蛇吐信，拳势如同与身躯焊接，拳劲经由胯经脊背摧肩、肩摧肘、肘摧手，以身法为要增强穿透力，如同见缝插针。心意六合拳要求上法以手为妙，进法以步为奇，而总以有浑身齐到无拦挡的整劲为要。因此，相对保守的传统武术有“教拳不教步，教步打师父”的拳谚。穿拳加蹬步抢夺对手的重心位置，以步增加进攻的距离与穿透力。穿拳出拳后不空回，前手回手如钢钩，擒拿对手薄弱部位；前手回后又可借整个身体的质量出手，控制对手的拳法。穿拳在形态上是前膀领后手出拳，后手埋伏在“洞门”，两手出入都可捉拿，但要求身法有裹、腿法有践、手法有钻的阵势，由裹、践、钻去实践拳法结构的攻防硬度，由三节联动的起、随、追，用出见缝插针的拳。用拳以鸡腿、龙腰、熊膀、鹰爪、虎抱头、雷声合为身法，行拳要求善用比兴思维，取理性与感性的元素于拳法，拳法封敌有阴阳变化、五行生化；拳法发劲能借势，四两可拨千斤。还提倡在穿拳打出的瞬间发大雷声“咦”，声随手发，手随声落。心意六合拳的《谱论》要求行拳“五行一发响雷声，拳去雷动风声响，山林不能阻隔”。行拳的瞬间突然发声，声势如霹雷，足以使人受惊而手足失措。用拳时整劲环绕作用点移动，形成运动轨迹，六势的势由不同的方向、形态、幅度，形成立体攻防。

提醒：拳艺就是拳术的用法，拳术的用法不强调以低桩的训练难度去练，而是以相对灵活自然的高桩去练。拳艺上讲用法不练是错误的，用法必须练“上法以手为妙、进法以步为奇，上法和进法都必须有身法的质量做后盾”，以浑身的劲应战对手局部的力。兵来将挡是心意六合拳特定的攻防手段，任何一种打法都由腿、胯和丹田传递整劲，人的三节九体形成首尾相连的攻防，使拳法在五行相生中周而复始，行为快捷，变通能力强。增长用拳的艺术：在前后、左右的水平方向，能借螺旋规律与角速度；在竖直方向，能借用重力与惯性力。

第四章　古心意六合拳的套路训练

当今传统武术各拳种中，只有古心意六合拳保持了古老的练拳方法，仍然将单式训练称作套路训练，可参加任何规模的武术表演与比赛。心意六合拳也将单式套路称为把式，从练武功角度看，练套路如同农民种植庄稼，种瓜得瓜，种豆得豆。练不同的拳术套路目的是获得优越的生理功能和强大的拳术能量；从练武艺角度看，练套路是增长用拳的艺术，获得顾自己身家性命的本领；重复练套路如同农民反复种植庄稼，训练拳术要心、身有收获，储存人的生命能量是练拳术套路的真正目的。

古心意六合拳的不同套路有不同的攻防设计和要求，有的套路是由大到小练人体运动关节的功能与能量；有的套路是练局部支持整体拳法的劲力传递；有的套路是练战术与技术的链接，达到“习之以纯熟，用之以无心”；有的套路是修炼拳术的协同记忆，在拳术的顾与打上，顾比打重要，顾比打的精确度和难度更大，顾比打的训练要求更高；总之，拳术套路练心身的能量与能力，要恰到好处地用拳。

下面介绍古心意六合拳套路的训练常识。

一、套路以善走为奇、以能闪为妙，要练腿的力量和灵活，腿脚是人运动的根基，练好快捷有力的双腿，带动人的身躯忽前忽后、忽上忽下、忽左忽右的三维立体运动。步是人体运动的枢纽，行功是将头、肩、手的行为能力传递到腿上，腿的每一动作既有丹田经胯向下肢传递的动能，又有脚底的劲经丹田向上肢传递，以步为奇地带动拳法。

二、套路练劲力的传递，在重力平衡的前提下以蹬步将身体的质量移动转换为能量，以腿的蹬劲达到拳术的加速度。动步是脚底由地面提起，以胯、膝、足的关节屈曲为支点，以力臂小于重臂的速度杠杆伸展腿的髋关节、膝关节、跗关节和趾节间关节，以腿的伸屈和移动达到躯体移动。只有慢功能够使髋关节、膝关节、跗关节和趾节间关节得到重力平衡的伸屈锻炼，由慢功获得功底扎实、武艺精湛。

三、套路练拳术的物质与能量及用拳的心意：外三合要求的手与足合、肘与膝合、肩与胯合是练拳术的物质与能量，保证拳法有大能量是练髋关节及夹股的摩胫和提膝，获得腿部韧带的张力及两腿支撑和腿运送战斗力；内三合要求的心与意合、气与力合、筋与骨合是练使用拳术的物质与能量，实战全凭心意指导一切的攻防行为。

四、练心意六合拳的套路是行功，其实日常生活中的走与跑也是行功，平时的走与跑都可用意识把握实战所需的运动空间、重心、距离、方位、角度、速度，恰当地抢到时间等数值。行功是脚步带动身体闪展腾挪，养成实战时身法能像水一样挤满对手的形体，劲力超过对手重心，压住对手攻防的空间、方位和角度，恰在其时、当在其位的发挥“起如水之浪翻，落如水之浪绝”的实战能力。

五、练心意六合拳的套路不需要多，先选一到三个套路，由一事精，逐渐达到事事精。精于如何“前六势劲硬，拳劲硬如枪尖”；精于如何“后六势劲软”，后六势如同透递奥妙与劲力给枪尖的枪杆。拳术以善走为奇，以能闪为妙，以左右能封、能闭为法力。例如，导弹需要火箭发射到达指定目标，技击需要灵巧迅捷的腿法投送兵力，需要身体的闪展腾挪造势、借势，由此明理，练套路就有理可依。

第一节 单、双把套路

心意六合拳的历代前辈设计的单、双把套路，是训练最基本的直击拳法，要求出击动作运用身体力量突然快速的直线发力，单、双把如同拳击中的直拳，单把是有阴阳变化的直拳，既比直拳灵活，又比直拳有奥妙，是实战中的一项进攻敏捷的技术。卢嵩高大师可将单把千变万化，令对手防不胜防。

心意六合拳有罩艺单把、钻艺单把、迎面单把、熊形单把、裹身单把、摇闪把单把等，以及单把带拍的行为，双把带推的组合动作。

定步单、双把：如图64、图65所示。身体自然站立，两手由大

图64

图65

腿外侧向上提高到胸脯，两手同时内挤到掌根重叠、产生必将向前推出的去势，两手同时向前推出。单、双把一般右手在前，左手在后，左手大拇指贴近右手舟状骨，以单手的豆状骨为力的作用点是单把；以双手的豆状骨为力的作用点是双把。每次训练15遍，或按实际情况增加。

开步单、双把：如图66、图67所示。以侧身站立起势，两脚掌蹬地下踩，同时脚手齐上，右髋关节借助蹬地的力量前送身体。手与足合，后手推前手，如同扎枪的向前直击，两手上臂向前推出的同时，身体重心稍前倾，右手五指拃开。要求上体保持正直。

图66

图67

拳理指录：练单把一般右手在前，左手在后，左手大拇指贴近右手舟状骨，如果右掌遇对手遮挡，右掌变为迷惑或阻击手，左掌随时寻找对手防守的空隙，即时重击对手。单把重视腿部的力量和速度，要有向下拍打的劲意；双把要有前推的劲意；练开步的单、双把，不等前脚踩踏实，后脚蹬地，脚心反卷翻地，膝盖迅速前顶，越过前脚，脚趾抓地，打出如同扎枪，要求迈出左（右）弓箭步的瞬间产生爆发力，身随步动，极速向前灵活移动，训练脚手齐到的整体劲力。单、双把具体运用时是借身势发劲。单、双把的区别是以单掌的豆状骨或双掌的豆状骨为着力点，单把含拍劲，双把含推劲，单把的拳法象形于古兵器中的枪，奔作用点的打法是枪尖；促使达到打击目的是枪杆；单、双把的打法由腿、胯、身等多关节不断叠加出枪杆，使枪尖以自身最大的动能为能量。

练单、双把的套路，看似是上肢三节的拳法，实际上劲力是以步运送的战力，裹横单、双把有由脊柱带动身法的螺旋劲，拳劲由后六势腾挪整个身体的裹劲，可十字变换地将对手向反方向击倒。单把有拍劲，双把有推劲。拍和推的劲都由多关节联动才有拳法的威力和变化灵活。

卢嵩高大师喜爱用虎形把的单、双把及熊形把的单、双把，还有鹞形单把等。由此可见，十大真形的每形都有单、双把，因为单、双把如同于拳击的直拳，不同于拳击的是出拳不空回，出拳如虎之扑人，拳回如鹰之捉物。单、双把的用法有梢节起、中节随、根节追的整体劲，有身法的裹、腿法的践、手法的钻，其中手到劲发是前六势如同与龙身焊接在一起，手的攻防暗藏身劲，才有突破对手的防守威力。用单、双把，是用拳如用炮，见空不打炮，开炮时内、外五行齐发，山林不能阻隔。单、双把的劲源由“后六势劲软”传递蹬劲，要求软到腿法如同卷地风，随时灵活迅捷地移动身体，并造成拳术“如虎搜山”的阵势；拳法的起、落主要有在竖直方向的埋伏，起是顺对手的身体而上，“手起如箭、落如风”，攻击对手的颈部后，可顺势往下坠落。腿“追赶日月不放松”，未起便占、未落便坠，都属于暗藏了拳势。虎蹲的退守如同收如伏猫，让对手鞭长莫及，缩身暗藏了虎扑的进攻。拳的劲源是身体质量及脚的蹬劲。劲力的方向是三尖相照，以人的踝关节带领脚尖瞄准对手形迹，三尖相照使前、后膀的互换如同双头枪的枪尖跟踪对手，前膀制导单、双把攻防的劲力到作用点。拳术对抗中以手为妙、以步为奇，总以身法为要。

第二节　乌云遮月套路

乌云遮月套路，是训练拳法动与静结合，要求内外兼修，动中求静，静中求动，在动与静的矛盾中充实丹田，增强下盘功力及手的圆劲，练习中讲究慢，慢功出巧将。

乌云遮月套路慢练身体旋转、松肩、展膀及脚步与身体和上肢默契的配合，多关节联动的劲来源于腰，轮换在膊与肘，对腰肌的拉伸帮助很大，有助于预防腰肌劳损。该套路要求体会“心与意合、气与力合、筋与骨合、手与足合、肘与膝合、肩与胯合”。将两手的手指隐喻为乌云，眼睛是月亮，以一阵阵的乌云飘过月亮，训练眼睛为军事上的雷达，整个身体联动出“五行要顺、四稍要齐”。该套路围绕“顾”字练骨关节韧带的最佳生理功能，由此提高拳技。

乌云遮月把练法：起势，全身放松地站立，下颌内收，气沉丹田。起左脚，两脚距离略比肩宽，同时左手掌心面对身体至眼部同高，由左肩轻松自然前领，向左转动，身体重心落到左脚，右脚随着身体前移慢慢蹬直，左手掌心向上，左肘与左膝垂直对齐，右手紧贴于右腿手掌向下按。整个转动过程慢慢吸气，右脚蹬直后，动作停止，先闭住呼吸，后慢慢呼气，注重呼吸细长，尽可能不听到呼吸的声音。接上式，两脚尖慢慢向右移动，左手掌心面对身体至眼部同高，身体向右慢慢移动，左手心遮到左眼睛时起右手，右肘在下托起左肘，两手似剪刀般合拢（图68）。接上式，身随脚尖向右移动，右手掌心与眼部同高（图69）。接上式，身体继续向右转动，转至右肘与右膝垂直对齐时，左手下按，慢慢紧贴于左腿并伸直，右手前伸与右脚步尖垂直对齐。转动过程慢慢吸气，左脚蹬直后，动作停止，过程中注重呼吸细长，不听到呼吸的声音，等待向左运动（图70）。由此反复转动，左右来回为一式。次数自己定。

图68

图69

图70

拳理解释：周身放松地慢练乌云遮月套路，体会拳术腾挪预动之势，当两手掌心向下朝上微微抬起时，十指完全张开，和脚趾相对，有把地下取之不尽的水（气）向上抽吸的意念。当徐徐上升的两手十指发胀，感觉两手沉重时，两手内旋至手心向上。慢练会觉得更累，慢中掌握拳术的阴阳之法，要求“看阴而有阳，看阳而有阴，天地阴阳交合，能下雨。拳上阴阳交合能成其一块，皆为阴阳交合之气，成其阴阳也”。慢中体会动静之法，要求“静为本体，动为作用，若言其静，未露其机。若言其动，未见其迹。动静发而未发之间，成其动静也”。

中华传统拳术都是传习性传承，老师有传、学生有习的主要是拳术套路。传统拳术只有古心意六合拳将单式动作称作套路。训练任何套路都是修炼生命力，让身体经过如同脱胎换骨一样的磨练，既要消化吸收前辈传播的顾法奥妙，又要善于总结手足相顾的拳术经验。

第三节　十字裹横套路

心意六合拳历代前辈重视龙形拳法，龙形表现在身法的螺旋上。

十字裹横练法：侧身站立，左脚向左前上一大步，左肩前领左手单掌向前（图71）。右脚上步踩在左脚前方，右手前劈，左右二肘相合，两手十字交叉，同时身体下蹲，左手下压，右手紧贴身体向后抽到右胯，左手贴在右腿外侧，形成两腿立剪子股势的沉身砸肩（图72）。接上式，左脚上步，同时腰脊向左旋转，转腰脊时右手推左肘向左前横击，要求脚手齐到（图73）。

图71

图72

图73

接上式，两脚脚跟不动，脚尖向右转动，使身体向后转动，同时右肩前领，右手单掌向前由上向下，形如遮住对手的视线（图74）。接上式，左脚上步，踩在右脚前方，同时右手下压（图75）。接上式，右腿向前踩到左脚前方，左右二肘相合，两手形成十字交叉向下，转腰时，左手推右肘向右前横击，要求脚手齐到（图76）。由此一左一右，反复训练，还可四面转向训练。

图74

图75

图76

收势：接上式，提右脚，右手自下而上摸过左肩，右膝和右肘相合，右手腕要直，左手掌心贴右肘，顺右手上升，两手相贴高举过头，左脚迈步收势。

拳艺解释：十字裹横套路是十字交叉的拳法，左、右裹横的裹与露有正与反的螺旋劲，裹时身体上下束而为一，横时展开身体成就拳法，“后脚就近蹬，与寸步相贯，束身抢进，敌身难以变化”。裹横的拳法可隐喻宇宙星云螺旋动态之象去裹，拳法一裹一横出入、动静，标志着拳术在螺旋式的动态中富有变化的活力，使拳术事物在螺旋的结构互补中得到发展，这样训练的拳术符合宇宙螺旋的规律，常以速度的平方在时间和空间上不给对手攻防的余地。由十字裹横的套路掌握拳法的齐劲，“齐是疾也，内外如一成其齐也”，拳法的齐劲是心动，意随，内五行要提，外五行要随，四稍齐动，齐劲随身躯束身而起，整体蹿出。裹横的拳法以丹田为质心带动四肢，横向的拳劲是以“丹田”为人体运动空间的圆心及整体质量的质心，丹田带动四肢百骸做拳术运动有最自然和最厚实的物质基础。总之，拳艺的去意好似卷地风。但是，不少人只知卷地风是踢人的腿法；如果能够整个身体质量如同卷地风，腿法不是踢人，而是上步冲毁对手的重心，将对手的整个质量卷个翻天覆地，就不是一样的风了。

第四节　虚实劲套路

心意六合拳历代前辈设计虚实劲套路，是练拳术的虚实互换，例如以退为进，变通攻防的虚实。心意六合拳《谱论》曰：“虚者精也，实者灵也，精灵为玄妙之至，成其虚实也。”

虚实劲练法：起势，身体侧身站立。接上势，上右脚，左转身时两肩对展，两手前后拉开，右脚前踩（图77）。

图77

接上势，重心向后移动，同时身体后移，起右腿。左脚起跳，同时右手向上翻转，拳心向内，左手贴于右手上臂。左腿向后连续垂直后跳三步（图78）。接上势，右脚垂直向后跳一大步，重心落到右脚，两手如同水稻的稻穗置于胸前（图79）。

图78

图79

接上势，左脚大步上，身体前倾、同时两手向前打单把（图80）。

图80

接上势，转身相反方向训练，向后转身同时左右手前后拉开，右脚前踩，转身后的训练与转身前相同。

拳理指录：心意六合拳的虚实劲是练“知退者不辱”，随时退闪让对手的进攻扑空。步退为虚、诱敌为虚；步进为实、击敌为实。虚与实是阴阳转化。要求如下：（1）以整个身体的后退使对手的拳法鞭长莫及，用身法的虚实使对手在判断上造成模糊，虚虚实实使对手很难找到进攻的切入点，以此虚消除对手的杀气。（2）心意六合拳《谱论》提出：“虚实之法，虚者精也，实者灵也，精灵为玄妙之至，成其虚实也。”向后“括手顾身紧相连”的退是以能闪为妙的虚，以退为进创造条件。因此，虚实劲练在虚实中得机、得时、得势的攻防守应变能力。（3）虚实劲是多关节及多肢段联动的拳法，需要脊椎起到微调准确度及周身反弹的作用，拳法以丹田为质心，丹田带动四肢百骸劲往一处使，确保实劲准确作用到作用点。

虚实的弧度公式为：ω = Ч /t。Ч 为所走过弧度，t为时间，ω为弧度每秒。用拳是虚、实，是虚与实都恰当地抢到时间点，拳法才有精灵为玄妙之至。

虚实劲训练虚实之法，要求“虚者精也，实者灵也，精灵为玄妙之至，成其虚实也”，练虚实体会身法的八要：起落、进退、反侧、收纵。要求“夫起落者，起为横，落为顺。进退者，进走低，退也低。反侧者，反身顾后，侧身顾左右”。虚实之法有身体收纵，身体收如伏猫，身体纵如放虎。心意指导身体的物质能量在阴阳变化的虚与实中抢实战的空间与时间。如果按照冷兵器的枪理融于拳理，拳势的前六势硬如枪尖，是实的；拳势的后六势软如投送能力与能量到枪尖的枪杆，虚虚实实中保证拳的劲力用到对手身体在中线上。虚实中抢进攻的时间、防守的空间，四肢百骸掌握拳的虚实技巧及变化。

第五节　夜马奔槽套路

心意六合拳历代前辈都重视训练马形拳式，设计出夜马奔槽的套路，使后人最快捷地掌握拳术的兵力投送。心意六合拳是以枪法改创的拳，马形拳式的下蹲形同坐马，人往下蹲时，腰椎向后弯；马形拳式的起身形同扎枪，人起身时，腰椎自然前挺，使丹田将支撑力向上、向前传递。训练马形拳式时，人的身体一起一落，腰椎一前一后，形同马背上的颠簸起伏，重心自然集中到丹田和两胯之间，马形拳式向前冲，含有身体束张的整体劲。马形拳式的奔腾和纵扑之劲主要在膝关节，膝关节是大腿与小腿的枢纽，膝既能摧腿部力量达于足部进行践踩，又能将腿的力量向上传递。马形拳式处处借身劲，形成左右封闭的法力，训练身体的整劲。单纯的拳打脚踢都是身体局部的力量，与身体整劲对比有着天壤之别。

夜马奔槽套路：身体自然站立，右脚向右前方提起，脚离开地面30厘米左右，两手向前下插到右脚踝关节内侧，右手在上，左手在下（图81）。

图81

接上势，右脚似马蹄前伸、下踩，触及地面的同时，左脚紧跟右脚上步，落在右脚后面。两手由下而上翻转，似倒翻的马蹄，由掌变拳向前出击，注重后腿的蹬劲（图82）。接上式，左脚向身体左侧45°提起，脚离开地面30厘米左右，两手向前下插到左脚踝关节内侧，左手在上，右手在下。左脚似马蹄前伸、下踩，触及地面的同时，右脚紧跟左脚上步，落在左脚后面。双手由下而上似马蹄翻转（图83、图84）。由此一左一右反复训练。

图82

图83

图84

武术文化释义：马是擅长奔跑的动物，其奔跑能力被人类重视，人们才把机械功率称作马力。马形的特点主要体现在腿的奔跑，达到拳艺所需要的行程。夜马奔槽套路是将马的奔腾和纵扑之势用于拳法。（1）认识膝关节是大腿与小腿的枢纽、能摧动腿部力量达于足部；（2）认识胯承上启下，稳定全身重心的起落；（3）认识脊柱的生理曲度，练马的奔腾和纵扑形态主要是练腰曲。马形套路是练身体重心移动，防止重心过分前倾，有利于蹬步时发力。

古心意六合拳的马形和龙形拳势，主要由步法与身法的运动产生，拳法隐喻为马蹟虎践之意。要求熟练寸步、垫步、快步及剪步，例如，离对手二三尺远，则用后脚垫一步，仍上前脚。如遇人多或有器械，则连腿带脚并践而上，即谓“策脚二起”之说。古心意六合拳在战术上靠膀、胯、踝、脚步领兵攻防，拳法“以步为奇”是以人体大质量运动产生的大能量击溃敌之重心。反之，保护自己的重心，就是保护自己的战术力量。这种战术力量能用数学与力学描述，是身体运动的位能，用上超大于对手的拳术物理量，就是传说中的“盖世法”。

第六节　龙侧身套路

龙侧身套路，目的是训练空手夺兵器。

龙侧身练法：侧身站立，上左脚的同时身体忽然下蹲，保持熊出洞的拳式（图85）。接上势，两手举起，右手护头，同时向右侧身（图86）。接上势，左脚尖向前点一小步，右脚向右前方蹬出一大步，左脚跟随半步，脚跟着地，左侧身下蹲，同时右手前伸、左手后拉护头，两手高过头部（图87）。接上势，右脚尖向前一小步，左脚向左前方蹬出一大步，右脚再蹬出一大步，左脚跟随半步，身体侧身下蹲，同时左手前伸、右手后拉，两手高过头部（图88）。注：此过程有二次蹬出大步，上身做了二次正反的侧身螺旋动作。接上势，右脚尖向前一小步，左脚向前方蹬出一大步，右脚跟随半步，身体向左螺旋侧身下蹲，同时右手前伸、左手后拉护头，两手高过头部（图89）。

图85

图86

图87

图88

图89

接上势，起左脚尖向前点一小步，右腿向前方蹬出一大步，左腿跟随半步，身体向右螺旋侧身下蹲，同时左手前伸、右手后拉，两手高过头部（图90）。接上势，右脚向后点步，左腿提起，可转身向反方向训练（图91）。

图90

图91

拳理：龙形套路主要练腰与脊柱，拳劲轮换在膊与肘，抖绝劲的劲源在膀与胯，其最大的劲源是进退时身体的旋转。在龙形套路的修炼过程中，要把脊柱比喻成帆船的桅杆，腹肌比喻成帆船桅杆的斜拉索。两脚迈步时前膀领着走，两膀随时可前后相互对调。身体螺旋时内隐两肩的力对拨拉动背肌，对拉的劲使周身含有惯性抽象力，惯性力是有自身重量的力。龙形套路以腰与脊柱的螺旋带动四肢百骸行拳："手膊为梢节，腰腹为中节，腿足为根节。分而言之，则三节之中各有三节，手为梢节，肘为中节，肩为根节，此为梢节中之三节也。胃为梢节，心为中节，丹田为根节，此为中节之三节也。足为梢节，膝为中节，胯为根节，此为根节中之三节也。其中之要不外乎起、随、追而已。梢节起，中节随，而根节追之。"龙形套路必能用此法则，浑身上下不知有长短、曲直、参差俯仰之病。用拳时手到劲发，"如龙之用力而不能阻也"，古心意六合拳真谛，是用拳有阵法与阵势。阵势是以整体质量创造拳势，在用拳的质量上如同大人打小孩，在用拳的精神上如同聪明人打傻瓜。

第七节　猴缩蹲套路

猴缩蹲套路，主要练习纵身的灵活。

猴缩蹲练法：侵扑站，左肩领前，左足在前，右足在后，前虚后实，左足尖微翘离地，足跟着地，全身重心在右腿上。两臂从容下垂，手指向下，两肘微弯护肋，两臂内扣，胸门含劲，目向前平视。左脚向左蹬一大步，右脚跟半步，右膝在左膝后方，重心在右脚。身体下蹲，左手背向上，手腕下钩，形似猴的前肢，向上挡、挑，同时右手向上出拳，要求两肘弯曲贴肋。表现出猴装傻时指上打下的态势（图92）。承上势，左脚向右前方点一小步，右脚向右前方蹬一大步，左脚跟随半步，同时身体下蹲，右手手背向上，手腕下钩形似猴的前肢，向上挡、挑，同时左手向上出拳，要求两肘弯曲贴肋。表现出猴纵身时声东击西的态势（图93）。由此一左一右反复训练。

图92

图93

拳理：心意六合拳前辈研究了猴子蹦来跳去的打斗技巧，打斗的灵活度，设计猴缩蹲的套路是取猴的纵身之灵。猴缩蹲以模仿猴子步法轻灵的缩缠、蹬跳、踹跳、弹跳、盖跳、跳转身等，获得敏捷的拳术步法与身法；以模仿猴手抓、甩、 採、 切、刁、拿、扣、顶等，获得拳术手法；以柔、轻、灵、绵、巧、躲、闪、快、惊窜的缩蹲等模仿猴子忽左、忽右、忽进、忽退等快速变化的神貌。猴缩蹲是练左右抽身进取机灵的套路，猴纵身躲避对方进攻，要求“手面莫教迟”，身形敏捷。通过训练猴形套路，掌握上法、进法。“上法者，以手为妙。进法者，以步为奇，而总以身法为要，则手起如丹凤朝阳也。进法，如其进步，如抢上，抢进步踩打也；务必三节明，四梢齐，五行备，身法活，手足相连，然后因其远近，随其老嫩动之而即是也。然其方亦有六方，工、顺、勇、精、真、恨，工者，巧妙；顺者，自然；勇者，果断；精者，紧快；真者，发必中他先见之期，而彼难变化也；恨者，恨不容情，心一动战而内劲出矣。六方具要明，上法、进法者得矣”。

提示：训练拳术套路要多懂哲学、中医学、儒家思想、物理学等知识，组成多学科的拳理文化，拳术行生于理、理随于行，其理愈明、其行愈高。训练猴缩蹲套路，猴的纵身之灵既离不开腿法移动身体，又离不开脊柱的灵活，脊柱有使拳法螺旋的功能，有使拳法束张的整体劲，用拳要以脊柱螺旋到前膀领着走，就能借侧身移动之势破坏对手进攻，后膀变成前膀也可随时拦截对手的进攻，而且后肩在螺旋运动中又可变为前肩进攻，进攻有身形反弹的角速度，再结合猴手的灵巧使整个拳法准确得势，得拳势要学猴的侧身回转，学猴纵身的灵活，以猴的灵性传递拳法快速灵活的技术理念。

第八节　鹞钻天套路

鹞钻天套路，主要训练与对手叠面时仍可起肘击打。心意六合拳的十大形中有三种飞禽，三种飞禽的飞行高度不同：鹰的飞行高度最高，其次是鹞，燕子的飞行高度最低，可在河面取水。鹞是飞行能力极强的猛禽，样子像鹰但体形比鹰小，能够往返树林捕食鼠、兔，也能直冲云霄捕小鸟，它是麻雀的天敌。

鹞钻天练法：右式，身体自然的站立，忽然向左后侧转体，使右肩对着正前方，左肘随转体之势向左后方下砸，肘尖对着正后方，右手贴在左手背上（图94）。接上势，右手、右足齐上，右足迈出成右弓步，右手腕上翻经右膝关节内侧由下而上翻掌，直至手掌高度超越头部。要求右肘对齐右膝，左手埋伏在右肘下面（图95）。接上势，身体回收，右肘随身体右转向身后下砸，左肩对着正前方。其后动作同左式，惟方向相反。由此反复训练10次以上。

图94

图95

武术文化解析：鹞钻天套路，训练在竖直方向运用身法的质量转变成拳法的能量。鹞钻天拳式体现拳法在竖直方向有暗藏或埋伏的威力，训练中要求象形于鹞直冲云霄，又往返树木捕鸟、捕鼠的技能。鹞钻天也训练在贴身情况下，随时都有直冲向上的肘打。用拳时两手自下而上挑，前手掌捺实对手的裆际向上进攻，沿其咽喉上行至其头部，这种如同冲天炮的拳式可比喻为军事上的地空导弹发射，肩、肘、手是弹头。鹞钻天拳式足落胯要追膝，膝要追踝，足踝制导，使腿法的每一步都有的放矢，做到“手起不会往空走，脚去不往空里落”。鹞形拳法发劲不是单纯以胯、脊、肩为枢纽，而是以身形运动的半径做本体的切线运动，身法、步法、手法联动的大质量产生能量，形成功力强大的拳术行为能力。因此，要求后膝关节的腿凹突然向前、向上蹬步，将腿的蹬劲经过丹田向上传递到前肘，以步法运送实战的能力。

拳理分析：鹞钻天套路训练顾法的单顾与双顾，单顾用截、双顾用横捶，鹞钻天的顾上则用冲天炮。鹞钻天套路训练截手时是单手之法，要求起前手，如“鹞子锁林须展翅，束身而起后手催”，如“燕子取水往上翻”，要求长身而起，束身而落。拳术的束长势能，是身体质量在重力的作用下而具有由空间位置决定的能量，这种势能属于身体运动中凭借其相对位置而具有的能量，身体运动的质量越大、变化的位差越大，拳术做功的本领就越大。鹞钻天套路着重修炼重力势能与支持力的势能，要弄懂“道、法、术、器”四者的关系：“道”是拳术的根，德为拳术的本，用有阴阳大法与宇宙规律的拳术。

第九节　一头摔杯套路

一头摔杯套路，是训练重力加速度的身体劲。头顶隐喻顶着一个茶杯，身体借向前上步的冲量向前倾斜的下坠，将茶杯摔落到地上。要求肩膀的位置和质量由高向低、由上向下做自由落体运动，训练带重力势能下劈。

一头摔杯套路训练：身体自然站立，左肩前领，左脚在前，左脚跟着地，左脚尖微微翘起离地，脚趾下扣。右脚在后，前虚后实，重心在右腿上。两臂从容下垂并内扣，两肘微弯护肋，两手垂直贴于小腹的中心。舌顶上腭，胸门含劲，心守气沉，肛门上提，全身自然，两目向前方平视（图96）。

图96

承上势，右脚向前进步时下踩，两手由下而上向前钻出，与头部同高，左手靠在右肘上，有自上向下扑之意。承上势，左腿向前上一大步，同时身体猛然由上而下向右侧身下蹲，靠在右肘上的左手沿右上臂自下向上串插，钻出到高于右手的高度时，同身体而下，左手向下抓拿，左肘置于膝盖下方，右手后拉到右胯旁，头向前摔杯。要求下颌内收，肩、膝、足尖要三尖照，两眼向上注视前方（图97）。

图97

若继续训练，承上势，起身，右肩前领，右脚在前，脚跟着地，脚尖微微翘起离地，脚趾下扣。左脚在后，前虚后实，重心在左腿。两手由下而上向前钻出，高于头部，左手靠在右肘上，有自上向下扑之意。承上势，左腿向前上一大步，同时身体猛然由上而下向右侧身下蹲，靠在右肘上的左手沿右上臂自下向上串插，钻出到高于右手的高度时同身体而下，左手向下抓拿，左肘置于膝盖下方，右手后拉到右胯旁，头向前摔杯。要求下颌内收，肩、膝、足尖要三尖照，两眼向上注视前方。如此反复训练。

拳理分析：一头摔杯的拳术套路，是在自身重力的作用线上训练重心垂直于地面的重力拳势，着重修炼身体由上而下的重力势能与竖直向上的支持力势能，这两种势能大小相等、方向相反，作用在一直线上，属于人整体质量的运用。一头摔的拳术套路杯含头、肩、肘由上而下的打法，属于在竖直方向掌握拳术重力势能的运用，重点是整个身体一起一落，摸拟鹰在长、熊在束的攻守之势，称作“鹰熊斗志”。要求下肢的三节带动整个身体运动束、长，束要曲膝，长要起膝，是膝打的延伸。脚的前踩、身体的前倾都离不开由胯竖直向下传递重力势能，并且结合三节的起、随、追，产生攻防技法的首尾相连，梢节打，根节顾，即手打肩已到；中节打，两头顾，即肘顶对手的心窝时，肩手两头都可追击，顾打结合，浑身是法。

第十节　四把组合套路

四把组合套路，是训练头上一拳、膀上一拳、足为一拳、胯为一拳的四拳。

古心意六合拳的每个单式动作称为拳术的单式套路，把多个单式套路组合称为拳术的组合套路。单式套路如同七音和七色的基本元素，可任意组合成无穷的组合套路。

古心意六合拳唯一的组合套路被称作四把。

起势（侵扑站）：侧身站立，左脚在前，脚跟着地，脚指下扣；左肩领前，左足在前，右足在后，前虚后实，左足尖微翘离地，足跟着地，手掌贴于右拳，以静视动（图98）。

虎步箭穿：承侵扑站，左足向前进，成左弓右箭步，同时两手由小腹向前扑出，有自下向前上扑之意，左肘靠住左肋腰际，左手置于膝盖上方，手指张开前顶，掌心内涵，右手在后垂于裆际，有向下捺水中之瓢意。头向前顶，下颌内收，肩、膝、足尖要三尖照，注视前方。两手回抽再向前撩掌，左脚向前垫步，右腿在后蹬直，左脚落实，右脚毫不停滞，急速越过左足，竭力向前箭出一大步（图99）。

图98

图99

饿虎蹲山：承上势，身体向后屈膝下蹲，有后撞之意，上身坐于右腿之上，左腿屈膝悬提于右腿前，足尖上翘，两膝向里裹劲，两大腿合住劲，两肩下垂，两肘裹收护肋。右手后缩至右胯旁贴住，左前臂前伸，肘帖住腰肋际，手掌置于左膝上方，指如鹰抓（图100）。

图100

横拳：承上势，左足向前一步成左弓右箭步，右掌变拳，与肩胯合劲，从右胯处自下而上循弧形向前提击，高与胸齐。当右拳提至小腹时，左掌的虎口扣住右臂腕弯，手指向上，掌跟前吐和右拳合力向前抬去，两肩里扣，两肘下垂裹劲，手不过膝（图101）。

图101

转身挑领：承上势，身体向后转动，右拳变掌向身后劈去，右臂斜横于胸前，手背靠于右胯际，左手曲肘上扬，手背朝着右前方，指尖上顶，两臂相反交错，两肘裹劲，两臂交叉裹于胸前，如绳索捆住一般；同时，头向右转，身腰随之右转，右肩领前（图102）。

起把：上身右拧，上左腿，腿有“刮地风”之意向前扫踢，右手上撩，掌心向右前方。左手自脸旁下撩至胸前，掌心向下，以掌根击出，下捺至裆际，肘向里裹劲，手背朝里靠近耳朵，手心朝外，左足前虚，右足后实（图103）。

图102

图103

落把：承上势，左腿屈膝下蹲，身下沉，全身重心落左足上，同时，左手自下而上，经胸前上托至右脸颊；右手自上而下，以肘部带动手，指尖前顶，竭力向下砍劈，左右两手一沉一托和身法同时运动，不分先后。右手劈罢，紧贴膝里侧，臂膊垂直，指尖向下，右肩前领，腰要直，胸内含，两膝里裹（图104）。起落中掌握上、下的运动轨迹，形成束、长势能；束、长是束紧身体而获得身体展放的势能；束属阴，长属阳，实战中利用阴阳转换的原理，使拳艺变通出阴阳的巧妙。

图104

冲天炮：承上势，右手自下而上挑，手指张开前顶，手腕要直，左手自右腮沿胸前下捺，手指张开向前，掌心向下捺实，置于裆际；同时，悬提的右足顺势向前一步，屈膝坐实，左腿在后蹬直，成右弓左箭步（图105）。

图105

鹰捉：承上势，右脚向前垫半步，左脚在后顺势跟上一步与右腿并齐，身体立起，左手随足同时自裆部而沿前胸经右肘弯上托提，手的掌根向前，指尖上顶，两肘相裹（图106、图107）。

图106

图107

虎扑：承上势，左肩下塌前拧，右肩后抽微掀，两手曲肘贴肋并力下捉，右手后抽，落于裆际，掌根向下捺劲，两掌张开，形同虎爪；同时左足随着两手下捉，向前一步，屈膝前弓，形成虎扑（图108）。

图108

转身：承上势，身体向左前转动，右臂斜横于胸前，手背靠于左腿胯际，左手曲肘上扬，手背朝右前方，指尖上顶，两臂相反交错，两肘裹劲，两臂一上一下交叉裹于胸前，如绳索捆住一般（图109）。

图109

握地炮：承上势，右拳和右膝上起向前上方端去，高与眉齐，左手随右拳上提，虎口贴着右肘弯里侧，两拳面向下击打，右肘与右膝齐，左手随右手下落，同时身体下蹲（图110）。

图110

碰意，承上势，两手握拳由下而上冲出，同时两脚回收内碰，向上跳动，两拳一前一后向右上冲出（图111）。

图111

熊反膀：承上势，左腿后退一大步，同时转身，以左肩前冲，左、右手随左肩转身时前后展开。

握地炮：右拳和右膝上起向前上方端去，高与眉齐，左手随右拳上提，虎口贴着右肘弯里侧，两手拳面向下击打，右肘与右膝齐，手臂挺直，左手随右手下落，同时身体下蹲。

碰意：承上势，两手随着身体左转，两臂贴紧向上伸直（图112）。

图112

虎扑把收势：承上势，左脚上一大步，左肩领前，先形成鹰捉下落势，后形成虎扑的同时发“咦”声（图113）。心意六合拳的收式有鹰捉把、虎扑把、决断劲三种。

图113

拳理指录：四把组合套路最能够体现出心意六合拳的风格要求是：（1）手横拳势难招，以小腹为核心传递拧腰搁横。（2）展开中平前后梢，以侧身送胯等动作形成前、后的整劲相通。（3）转身挑领阴阳势，在竖直方向以重力和支持力进行挑领。（4）鹰捉四平足下抛，借地心引力实践技击本能。四把是心意六合拳的核心，整个心意六合拳的动作训练都是练四把。前六势称作上三把，前六势劲硬；后六势称作下四把，后六势劲软。整个四把是将上体的拳法、劲力传递到腿上，因此，腿是关键。

提示：心意六合拳用唯一的组合套路训练“心与眼合多一明、心与耳合多一灵、心与气合多一力、心与意合多一精”；以一事精达到百事通，要得精。训练“先打顾法后打空，手起莫要望空走，脚去莫在空里落”。要求两边提防左右，强退者当后跟实，连紧追随，高打高随，低打低随，起为横，落为顺，使浑身有随机应变的方法。四把组合套路练“鹰在长、熊在束”的拳势，暗藏有阴极转阳，阳极转阴的变势。熊看洞防御自身，后手在洞门藏或手不离肥的鹰藏爪于腮部都有埋伏之势；鹰熊二势还搭配出拳姿的高与低，随时可凭身体的动量和冲量进行攻防动作。鹰熊二势是拳术的矛盾对抗，训练该套路要将矛盾换位思考，以矛盾提高攻防水平。

自然界、人类社会、人的思维和行为客观存在着对立统一性，矛盾的对立统一具备一定条件相互转化。分析人为什么要打、为何被打的矛盾。（1）人本该做到与社会和谐，但是由于人由动物进化而来，在精神世界的生命中仍然保留了一些兽性，人内心有很难满足的性、色、食的欲望和狂妄的本能，善与恶都是内心的欲望导致，是心的情绪不受控制促使肢体打人；（2）打他人时常被打，主要原因是内心轻狂而燥率，打破了身心的平衡，心忘了保护身体，心只想打击别人而不顾身体，所以才被别人打；打人与被人打都是矛盾得不到调和，如果人人都无狂妄之气、骄傲之心，即使遇敌之时，可一人存心在先，可以止，则止。以和消除打斗的祸患，非动手不可也要守法有度的动，正如谱论曰：“夫武艺者，言其和也。”毛主席使用“和”的力量是“军民团结如一人，试看天下谁能敌”。

第十一节　对练套路

套路对练是两人进行身形到位的组合训练，训练身、法、步的快速和拳术的灵活与敏捷。拳术的到位是相对随遇运动，到位的结果泛指攻击的得手，到位主要体现在步法上，拳术到位得手的机遇是对练双方均等，己方的得手也可能是彼方的得手。

套路对练可展现古心意六合拳的精神、气势、风格等，练习身、法、步恰到好处，可获得练拳的快乐。

鹞子锁林对练训练：甲、乙双方面对面站立，行拳术的抱拳礼（图114）。进行对练预备式，对练的相对距离以一个大弓步为标准（图115）。大步锁林：甲、乙同时跨出大弓箭步，以两人肩膀摩擦的接触为标准。抽身换另一腿跨出弓箭步、单手似鹰的翅膀在

图114

图115

树林闪展（图116）。要求突出龙腰的拧转变化、弓步侧身似用熊膀进行攻击擦肩转身：跨出第三个弓箭步，两足跟部不动，足尖带动身体进行180° 的回转，双方调换方位，继续来回跨出三个弓箭步，对练大步锁林（图117）。

图116

图117

鲤鱼翻身：第三个弓箭步抽回时，上步肩胯靠打、相互撞击。连续回身撞击三次（图118）。甲、乙同时向身体左方大步斜下，进行斜山势的训练（图119）。练曲断中节，脚步带动身体左右移动，两手依身劲切入对方腹部（图120）。

图118

图119

图120

收势：接曲断中节，拉开距离，进行三次鲤鱼翻身的相互撞击（图121）。接鲤鱼翻身的撞击，立即回身虎扑，同时发雷声“咦”。发声如同迅雷，训练人的胆气放纵（图122）。

图121

图122

拳理指录：心意六合拳有不少对练套路，鹞子锁林主要是为掌握攻防的距离而设计的：（1）以两人对练的形式培养英勇善战的精神，训练眼、手、身、法、步的准确，并摸索进攻和防守所需的速度和方向。（2）对练双方的拳术行为协调一致，身、法、步的距离感恰到好处，还训练了两腿掌握身体的重心和平衡，体会两人对练中的进、退、起、落的动力势能及劲力传递。（3）两人拳术对练身形结构多关节联动，强壮人的骨关节结构和筋腱。（4）由同样的动作进行触摸形式的对练，使两人掌握拳法闪展腾挪及封闭闪法的经验，并以自身的平衡能力，摸索如何使对手失去平衡；摸索腿法快速行程中的胯打、膝打和脚踢的经验，摸索上肢可进行的膀打、肘打和手的拨转能力。（5）通过两人对练懂得将拳的物质与能量，储备在人从头到脚的距离中，让头脑有拳术的智慧和有判断力，让四肢百骸的拳术行为灵活而符合拳理。（6）以套路的对练掌握一个全面的顾法，要努力学习拳技国学文化和科学知识，认识拳法的虚实和动静总是可在隐藏中得到恰到好处的使用，越是隐藏的拳法越有实战的威力，越是拳法行为有度，进退有规有矩，拳艺越是有阵法与埋伏的用兵之法，越需要头脑的大智慧与身体的大能量和合。古心意六合拳的拳技如同七音、七色，有无穷无尽的变化，其特点是拳打不见形，浑身是法，先打顾法后打空，顾与打的拳术行为形成首尾相连，在不断摧毁或限制对手进攻的变通中，顾打结合，产生实战取胜机遇。

第五章　传统武术器械训练

中国人通常用十八般武艺来形容刀、枪、剑、戟等武术器械，其实一根针、一支笔、一支点燃的香烟、一把伞、一双筷子、一把扫把、一壶热水、一根鱼杆等，只要带有攻防性质的器物都是器械，可见武术器械数不胜数。武术器械的训练是以器物为长短兵器，按照一定的结构与劲力连结，并以多种动作组成套路。中国的剑法曾是世界之最，剑有八面刃、七寸锋，剑的长度一般以三尺为宜，长度是偶数。

心意六合拳《谱论》指出："拳有五门，枪有四教，而有万样传法不同，而能出入动静之法，而有神仙不测之妙。"好枪法的列祖有岳飞、杨家将、罗成、赵子龙，他们是枪中王。好枪法封敌有动静、阴阳变化、五行生化，发劲能借势，可四两拨千斤。

本章只介绍以棍代枪的双头枪训练，棍和枪都是长兵器，棍被称作武术器械之魁，棍术的反手运用就是枪术，棍与枪的习练方法基本相同，以棍代枪取材方便，锻炼时比练枪安全。

本章介绍双头花枪棍，是化中国独有长兵器花枪为棍，双头花枪棍的演练有三分棍法、七分枪法，该棍法既有枪法的拦、拿、扎，又在枪法的基础上增加了棍法的点、劈、扫、撩、缠、挂、拨、封、抡等横向技法，该棍法在民间被称赞为"草里寻蛇棍"。古人将枪的隐语称作"肩二"，意思是双头花枪的特点是双枪尖由两膀前后调换瞄准对手，两肩膀如同双枪尖前后相通，变身、调膀是枪术攻防最默契的配合。武术行家都知道“枪怕扎，棍怕点”，点棍就是扎枪。

双头花枪棍约2米，重视单式动作的训练，要求身法端正，步法灵活，以身法运棍。实战要求以身法和脚步定住彼棍，当点就点，点棍上照鼻尖、中照棍尖、下照脚尖，同心意六合拳一样要求三尖相照，以步为奇、以身法为要。双头花枪棍可单人练，也可两人对练。先介绍双头花枪棍的几个单式棍法。

一、刃劲护身棍练法：身体自然站立，两手持立棍侧身左、右抡棍，棍在身前护身，棍的出洞入洞与身成一片，棍的两端自下而上或自上而下地随侧身而划出螺旋的弧线圈，弧线圈的锥体笼罩在身体前方，形成防御和点棍进攻（图123～图125）。

图123

图124

图125

刃劲护身棍既有横向格扫的拦、拿棍，拿棍是与对方棍相交，以身体的力量定住对方棍身；又有三尖照的缠棍和扎棍，缠棍以整个身体带动棍的圆周运动，自下而上地拨缠，扎棍是用棍的端点攻击。

棍理分析：双头花枪棍是贴身棍法，棍去如箭，棍落如风，不同于棍扫一大片的棍法。棍的横扫在攻防上都延长了时间，容易失去机会。脚步四平八稳地竖直运棍，称为中平势。

刃劲护身棍的扎棍之劲力，来源于身体的拧转，要求护身时棍根遮头，棍尖遮脚，棍身遮住身体，对手的棍无论怎么横扫，我棍稍微一动，因为对手的棍路漫长，显然就慢了，而我棍容易左右二门拦截对手的棍，一旦拦、拿到对手的棍，就可立即用棍尖去扎点对手的鼻、喉、心、胸，点棍即使扎点到了盾牌的边，盾牌也会翻开。

二、鹞子入林棍练法：身体自然站立，两手持立棍，身随步动，进行侧身运棍，同样是竖直的立棍护身（图126）。棍梢离地面几厘米，应战中，假设对手的棍、刀、锤等器械，进攻我上下不同的部位，我两手握牢立棍的中段，倘若我手只动了一寸，棍端就动一尺，对手器械架不住我棍随身而动的力量；倘若我手动一尺，棍端已经到达作用点。手摆动角度宜小，使用时可通过身法侧摆增加棍力，缩小横度，增加防守能力。假使对手持棍扎或劈我头左方，因为我

图126

竖直持棍，两手或身体稍向右转几寸，或手移动几寸就可力量集中地拦棍，拦的同时击打目标，由上向下劈对手的头、耳、颈、手、踝等部位，由下向上扫对手的踝到颈部。哪怕对手有胜我几倍的力，彼棍被我的棍拦到，对手便会因失势而败。

身体自然站立，两手持立棍，以X形拦、拨棍，形同鹞子入林。棍的两端起落保护人的四面，身法中平的立棍微动就可封、可闭，棍法竖直，如金钟护体把全身上下完全保护到（图127）。

图127

棍理分析：鹞子入林棍法左右撤步的斜向运棍，称为斜山势的运棍；横向拨棍后，以腿的蹬劲向前点、刺棍，称为牮柱势运棍；该棍法将枪法的三尖相照、刚柔并齐、阴阳相合等融入棍理，用棍如同用枪。鹞子入林的棍技要求以身法一左一右转动，竖立的棍随身拦、拨如同金钟护体，可把本人全身上下完全护到。例如，当对手用彼棍劈我，我以立棍进步拦拿，以横破竖属“守敌不空”。拦拿守敌成功，棍尖顺着对手棍劈下就是棍技传说的“千斤难买一声响”，棍响对手即败。

双头花枪棍的套路练法：起势，自然站立，两手持立棍（图128）。撩棍，右脚向右踢棍端，同时上步身体左转，棍与身成一体地出棍（图129）。劈棍，右脚落地时，棍的中段紧贴身体，以身体的质量支持棍的能量（图130）。

图128

图129

图130

缠、拨棍，身体向右回转同时右腿抽回，棍尖由上向下随腿的抽回划出逆时针的弧线圈，棍尖螺旋地划圈缠、拨对手的小腿。右腿抽回后，重心完全在右腿，左腿提起。两手握立棍护身（图131）。提、挂棍，两手提棍由下而上逆时针划大圈，再顺时针挂、扫，同时上右脚（图132、图133）。

图131

图132

图133

盘顶棍，两手握棍顺时针盘旋棍尖，同时上左脚劈棍（图134）。挤棍，身体带动两手，使棍尖向前挤（图135）。点棍，进右步时棍中段紧贴胸脯，两手握棍旋转向前点刺，力达棍尖（图136）。

图134

图135

图136

舞花棍，身体向右前倾斜，左手将棍向正前方送出，左手握棍定在右手腕上，两掌心朝上（图137）。接上式，左手掌心朝下抽棍，右手掌心朝下按棍，同时左脚向左前方上步，右脚向右后方退半步（图138）。戳点棍，两手握棍，棍身在胸前，与地面平行，右脚上步带动棍梢三尖相照地向前戳击（图139）。

图137

图138

图139

落地棍，两脚后退一步，身体下蹲的同时棍下落到地面（图140）。抡崩棍，起身上左脚抡出崩棍（图141）。

图140

图141

绕点棍，左手向下、右手向上翻转棍体，棍尖下落到地面（图142）。缠转棍，右手右脚齐上，棍缠转成竖立（图143）。草里

图142

图143

寻蛇，左脚向左移动一步，右脚随势向后移动，棍梢由上向下旋转，形成立棍护身（图144）。棍尖可顺着对手棍劈下，棍的两端又可勾划对手的脚，棍尖和棍根随时可再用扑打的方法打对手头顶。此棍法贴身运棍，没有“棍打一大片”的要求。“棍打一大片”看似威猛，但不仅体力消耗很大，而且速度也不及立棍快，立棍稍转身体就形成“身快棍就猛”的威力。

图144

进步拦、拿，右脚向前上步，同时两手持棍向前拦、拿（图145）。鹞子翻身，劈南攻北。两手持棍由左向右，过脑旋转，左脚向后转的同时滚身180°，右手在前、左手在后，形成反弓步的劈棍。棍身由上向下或斜下击打为劈（图146、图147）。

图145

图146

图147

指东击西的滑棍，两手持棍，上右脚，同时身体跳起、运棍滑拨。棍身由下向上或斜上拨打为滑（图148）。

图148

缠压点扎棍，右脚上步，落地前两手持棍，由身体带动棍身缠压（图149）。右脚落地时整个身体向前移动，点扎与反手缠压棍，形成“棍去如箭”的点与扎（图150、图151）。调膀拨棍，左脚上步，双手持棍向左前方出反步的缠压棍（图152）。棍与身体成一体的同时右脚追上一步，棍的后把位在胯（图153）。调膀拨棍时身体向右回转，同时右腿抽回，棍身竖直随侧身退步划出螺旋的弧线，重心完全在右腿，左腿提起，左脚稍微离地。双手握立棍护身（图154）。

图149

图150

图151

图152

图153

图154

左脚落实，身体左转，右脚上步，双手持棍拦、拿、扎（图155）。

图155

绕圈点棍，身体向右转，左脚上步，使棍的后端变成前端，棍尖点对手膝关节（图156）。

图156

草里寻蛇，左脚后退，棍随身势向后顺时针地绕圈移动，棍梢接近地面，形成立棍（图157）。

图157

鹞子翻身，指东击西，上右脚，右手握棍的中段，左手握棍的后把端将棍向前推出，棍尖对齐对手心窝向前戳击（图158）。

图158

起右脚向后跳出一大步，出左腿向前伸，两手持棍随身体向后翻转。棍身在右上臂和胸前并平行于地面，左手成剑指前伸（图159）。

收势，苏秦背剑棍，起身向前的同时棍沿着身体右侧抡一个舞花，棍尖向上，形同苏秦背剑（图160）。起身自然站立，双手持立棍行礼，返回起势。

图159

图160

棍理分析：双头花枪棍贴身而练，棍合心意而用。以棍的封、闭，拦截、提劈微动，用棍以身法为要，用身法稳定棍势，棍的后把位不离腰或胸部，以三点一线的劲直透棍尖，形成“点棍最难挡”的威力。套路中的拨草寻蛇式，左右两边划动如拨草寻蛇，埋伏在下面的棍端可斜上，以棍两端变通截、拦、拿、扎、缠、拨等伤敌技术。该棍法有四面组合训练，如遇众人围合，破众敌的诸家利器，要先强攻左边最近的一人后，立即反攻右边最近的一人，由棍杆的长度使左攻右进，形成众敌的诸家利器相碰，正面会出现能走出四面围合的空隙，赶紧走出包围圈。解围后以走为上策，如果仍遇到纠缠，边走边打以能闪为妙，抽身解围，对付最近的右边一人。枪棍可凭借心灵感应习练，我的枪棍老师可盲练和盲用。盲用时，常常是棍响功到。棍对棍时，千金难买一声响，棍响产生了一次取胜的机遇，不错过对手旧力略过、新力未生的机遇，抓住机遇就能够使对手束手无策。

浅淡双头棍用法：假使对手照我左边头顶打下，我持垂直的棍，只要往左稍微移动身体，棍梢可顺拿对手；往左移动身体的同时进右脚，则我的棍滑到对手的头上。还可在往左移动身体的同时，用棍根打对手膝关节。假使对手持棍劈我腿脚，我持棍的两手如同写汉字一撇一捺的笔画，棍尖可勾划对手的脚，棍根再用扑打的方法打击对手头顶。总之，我的整个棍体忽左忽右，都有攻与防。如果对手以横打一大片的棍法进攻，会耗费很大体力，速度也不及我方立棍随身体而动快，身快棍就猛。持立棍随身体平动及肩膀挪左移右，棍不离身，或反身打回剪及退步拨扫。棍技与灵敏的步法同起同落，由身体的质量产生棍术的能量，用肩的抖绝劲提棍遮下、护上，棍的轮换缠住对手的器械。

附：盘龙棍练法。身体自然站立，左脚在前，足踝上翘，足趾下勾；右脚在后，用力伸直，两手握紧二节棍（图161）。右脚抬起向前进一小步，左脚垫步跟随右脚，同时两手挥动二节棍顺时针旋转，左肩膀对齐右脚尖。此时二节棍的旋转惯性可使腰达到最大角度的伸筋拔骨并储蓄能量（图162）。左脚抬起向前进一小步，两手挥动二节棍逆时针旋转，右肩对齐左脚尖。由此一左一右反复训练。

图161

图162

盘龙棍棍理：心意六合拳《谱论》曰“一切武艺俱出于拳内”，意为该拳的棍法、枪法、拳法都是“打法须要先上身，脚手齐到且为真”。盘龙棍的训练目的，是以身法为要，强化龙身的灵活。

本章从价值观看武术器械，认为冷兵器的传统武术器械已成为过去，当今的十八般传统武术器械只是可供观赏的一支传统文化。因此本书不提倡当今的练武活动中动刀、动枪、舞剑等，许多古兵器确实没有训练的意义和价值，而且武术器械的训练需要场地和器材。

武术器械的技法是拳术技法的延伸，器械的运用与拳法的条理相同。当今社会已不是英雄佩剑、好汉带刀的时代，武术器械已经没有明显的需求和存在价值。本章只提倡练棍术或以棍法代枪法，心意六合拳的拳法由枪法而创，拳、棍都要求三尖相照，以步为奇。

例如，对手是持棍或枪点扎过来，我身与棍合的动步，同时以棍头格拦对手棍身或枪身，一步就用棍头控制对手的棍腰或棍根。下面介绍一些拳、棍、枪相通的攻防奥妙：

（1）棍对付短兵器用劈和勾，不让对手闪避进入我棍的中段。（2）棍对付棍的提棍法，提棍就拦要封闭对手的棍身，提棍时借身力向前或向上摆动，能限制对手身体的移动，把对手的棍提过自己身体的侧边就立即劈打。（3）棍对付棍的拦拿法，拦拿对手的劈棍时，我前手在胸前，后手贴于肋，借重力抢取到两棍相碰的垂直度大于对手，就直接劈打，这就是“千金难买一声响”。（4）棍对付棍的点扎法，当对手的棍快扎到自己身体时，两手手腕向左下方旋转格开对方的棍，贴对手棍杆深入就扎中对手。要求后手卷到乳根前，技巧是自己的棍杆贴自己胸部，三点一线点扎。（5）棍对付棍的缠法，是粘、贴、缠对手棍杆中段使对手棍杆走偏，棍头如同“枪扎一条线”指向对手咽喉，确保攻防行为不落空。否则，达不到作用点是枉费其力。

第六章　修炼有形的拳术物质与能量

拳术的物质是人的身体质量，拳术的能量由人体运动的质量与运动速度产生，拳术取胜的能力关系到拳师身体有形的拳术能量与能力的大小。例如，拳击的拳术物质主要是两手的拳，拳击类的拳术能量与能力主要来源于上肢的肌肉收缩，在训练拳击动作过程中，肌肉反复做不同的收缩时横桥的数目增多，局部肌肉收缩的力量明显增大。

古心意六合拳的拳术物质是浑身的质量，拳术能量与能力主要来源于整个身体质量的移动，“打法须要上身，脚手齐到为真”是身体肢段由梢节起、中节随、根节追，形成整体运动具有的瞬时性拳势。

古心意六合拳的功夫，因人体物质世界的身体质量与运动能力而形成，实战时运动的质量越大，能量就越大，拳法的速度越快越有拳势，练该拳的能量与能力，先练大关节的功能与灵活度，由大关节带动四肢百骸的动作产生拳势。

古心意六合拳的拳艺，能够用数据证明，用拳以丹田为质心，将拳术质点系的任何运动都可分解为丹田的动，切勿将练质心的充实误解为气沉丹田，甚至玄妙到了气功范畴。认识丹田的拳术功能，要研究人类由四肢爬行进化到两脚站立行走，人的直立运动使丹田成为人体运动空间的几何中心，又由于人体受重力作用丹田成为拳术运动的质心，练丹田主要是充实人整体的质心，由质心带动身体运动的物理量进行拳术的质能互变，实践“天行健，君子以自强不息”是以拳术攻防的规律逐个修炼人体大关节成为拳术的物质基础。用拳时四肢百骸发挥战术协同产生的拳术势能，用拳的战术上靠膀、胯、踝、脚步领兵攻防，“以步为奇”是以人体大质量运动击溃敌之重心，反之保护自己的重心是保护战术力量。这种战术力量能用数学与力学描述，运用超大于对手的拳术物理量就是传说中的“盖世法”。

心意六合拳以“搜骨之法”增长拳术的物质与能量，搜以可旋转关节为质心，质心带动的攻防既结构稳定，又质能互变地由大质量产生大能量。搜骨之法，搜人整体的螺旋运动、搜重力与惯性力（有重量的力）用拳、搜在三维空间中运用相互对立统一的角速度、搜后脚蹬出的加速度、搜人的气血旺盛、搜体液的运行通畅、搜由心唤起人先天就有的本能、搜由心意驱动以“鸡腿、龙腰、熊膀、鹰爪、虎抱头、雷声”为身法，以六埶的和合产生拳势。心意六合拳的六埶不是动作、不是特定的拳架或拳姿，而是无常形的拳势。“埶”［yì］在古文中通“势”［shì］。例如，用拳要求“打法须要上身，脚手齐到为真”，用拳“内实情精，外示安逸，见势如夺似猛虎扑食”，不失任何机遇。

心意六合拳的《谱论》提出“胯为一拳”，说明了古人懂得拳术的最佳能量是胯的瞬时加速度，这种瞬时加速度常常借重力及惯性力获得矢量。拳法的惯性力是自身整体质量合力，这种合力的惯性与速度方向垂直，类似平抛运动。拳术的惯性力主要是胯承上启下带动身体的整体质量，做指向地心的加速度时仿佛有一股方向相反的力作用在对手重力线上，令对手失去重心，出现位移，甚至将对手的身体连根拔起。拳术的惯性力是受到重力和支持力的作用时的假想力，拳法用出惯性力进行进攻，不承担对手身体的反作用力。拳术的惯性力大小与自己的身体质量成正比。惯性力公式：$F=-ma$，其中m为物体质量，a为瞬时加速度，拳术惯性力是将自身的质量进行反向运动。

例如，（1）榔头的头与榔头柄的连接松了，人们常把榔头柄的末端在固定而坚硬的物体上撞击几下，榔头柄的撞击突然停止产生的惯性，使榔头的头紧紧地套在柄上。（2）人们用铁锹挖土时，铲满了土，将锹用力一甩，铁锹仍握在手上，土却由于惯性被扬出去。（3）感知惯性，当你在行驶的汽车中，汽车突然刹车，你会因似乎有一股力量向前推你而前倾，其实汽车刹车只有轮胎上的摩擦力。惯性是物体本身的运动性质，并不是力。惯性力的大小与运动的质量成正比。心意六合拳《谱论》教导“上法以手为妙，进法以步为奇，而总以身法为要”，是强调拳术的平动惯性力及转动惯性力是大能量的运用。

修炼拳术的物质与能量要从天“象”、地“象”上，结合天地变化规律的“数”，认识人体局部与整体关系的“理”，懂得宇宙由物质与能量组成，物质的本质是能量，是能量促使各种事物发生变化，时间是衡量变化的工具，物质的质量是时间、空间的填充内容，拳术质量进入对手的空间是拳法的基本属性。事物由质量、空间、时间决定存在，任何事物只是时间、空间的填充内容，时间是衡量事物发生变化的工具，时间证明人和事物客观存在，时间是用拳的物理量。

用拳要懂得能量是物质运动转换的量度，任何物体物理系统做功既有动能又有势能。人活动在地球引力中，人受地球的引力产生竖直向下的重力，重力的作用点叫重心，拳术的势能由重力产生。

用拳要懂得人的体能是有限的，身体的每一动作都要消耗内能量与时间，避免无目的、无效果的盲动就节约了体能与时间量。

用拳要遵循宇宙运行规律，获得螺旋进取的能量；用拳是用自身质量去抢时间、空间，通过大质量的运动转换出拳法的大能量；用拳可借地球的重力势能；拳术对抗是智慧与能量的对抗，是能量与加速度促使拳术攻防变通；用拳要认识拳术的物质是人身体的质量，拳术的能量是人身体质量运动与速度产生的量，拳术的能量还包括人的思想活力，睿智的人才能够更好地运用拳术的物质与能量。人受到的重力大小跟人的质量成正比，拳术的势能是人自身的质量运动，是位置改变而转换出的能量（拳劲），拳术的对抗是能量的对抗。心意六合拳《谱论》指出：用拳“能要不是莫要停，蛰龙未起雷先动，风吹大树百枝摇”，以质量的运动产生能量。明白人是宇宙的微尘，拳法要遵循宇宙螺旋运动的规律，螺旋用拳是心意六合拳的特定技法。拳术物质与能量的运用，是以大质量的运动产生拳术的大能量。心意六合拳《谱论》提出“头上一拳”，指用拳时心为元帅，“意”是“心”的传令官，是四肢百骸的动力之源；“膀上一拳、胯为一拳、足为一拳”，是指用拳由大关节带动大质量进行拳术行为的起落、进退、反侧、收纵等运动，两肩与两胯是四员猛将，猛将带领属下的肘、膝、手、足进行作战，将胯比喻为承上启下的龙腰，龙腰带动人的整个质量进行灵活变化，如同军事以航母形成战斗群。在竖直方向用胯产生“熊在束、鹰在长”的拳势，是在重力与支持力上破坏对手的重力平衡和重心。在水平方向用胯与脊柱做螺旋，是借宇宙的螺旋运动规律获得用拳的动能，身体“收如伏猫，纵如放虎”产生拳术最大的动能；两腿是拳术兵力投送的关键，“以步为奇”使拳法得势。

拳法的得势，是造势提高用拳的速度与劲力传递，依靠自身的质量创造出用拳的阵势与阵法，造拳势是造身体质量产生的能量，这个拳“势”是生命能力的展示。拳法的造“势”必须懂力的三要素，即力的大小、方向、作用点，达不到作用点的拳劲再大，都是徒劳的。心意六合拳的造“势”，要求以足踝旋转脚尖去瞄准对手的身影，使拳劲的大小、方向能够准确作用于对手重心，由脚尖瞄准对手的身影既不错过得位的时机与趋势，为攻防行为有的放矢进行制导，又能够借宇宙的螺旋运动规律、借重力及支持力等获得拳法的势能，“以步为奇”确保取胜有后续行为保障。

掌握拳术的物质与能量要善于应用矛盾的对立统一规律，懂得所有的力都是成对的，有作用力就有反作用力，有重力就有支持力。在二力抗衡中借力，得到势力，在矛盾的对立统一中提高拳术本领。要懂得任何的势能由力场产生，分为重力势能和弹力势能。重力势能指物体由被举高而具有的能量。物体质量越大或与地面高度差越大，重力势能越大；弹力势能指物体由于发生弹性形变而具有的能量，所有发生弹性形变的物体都能够做功，物体发生的弹性形变越大，它的弹力势能就越大。当一个弹簧被压得越紧势能越大，势能是用拳时的一种能量形式，所以还可以把储备的内能力转化为拳法的动能。

心意六合拳由束长产生重力势能；由静力产生弹力势能。位能使拳法如同虎借山势，赢在借重力势能得到的阵势。

重力的计算公式是：$G=mg$，g为重力加速度或称重力系数，大小为9.8N/kg，表示地球上质量为1kg的物体受到的重力为9.8N。

第一节　练拳术竖直方向的能量

人生活在地球上，地球上的物体由于地球的吸引而受到的力叫重力，重力的施力物体是地心，重力的方向竖直指向地心，并由重力场形成竖直向下的重力线。重力是质量固有的力，每个人以身体质量（体重）换算重力。由于重力与惯性力作用在物体的每个质元上，都能使物体获得重量；而弹力、摩擦力等力只作用在物体局部，不能使物体获得重量。心意六合拳在竖直方向的用拳，常用自己的重力缠绕对手的重力线，破坏对手的重心。重心是物体重力的作用点，练拳术的定桩是在静力学范围内练胯、膝、足关节的功能，重心完全在脚跟，类似三角形的重心即为中线交点。用拳术时重心是动态的、变化的、不规则的，用拳根据人体重心的变化，将身体竖直于天地的移动称为束、长。束是松胯下蹲，引人体重力线入地心而获得拳术的位能；长是身体经束身的压缩，获得弹力势能；长身而起、束身而落，是借重力及支持力将对手的重心抛出体外。

练拳要将人的头、躯干和四肢理解成不同的肢段，各肢段的质量受到地球引力作用，形成竖直向下的重力线。人头部肢段的质量必须通过颈椎，沿椎体向下，再经髋关节稍后方，膝踝关节前方，以及各肢段的质量（重量）都竖直向下达到地面，重力的方向指向地心。人行走时要克服重力移动人水平方向上的距离，拳法中以腿的蹬劲使人的整个质量移动，移动是重力和支持力共同做功，做功的重力计算单位是牛顿（N），不同重量的人站立于地面所受的重力不同。举例如下：

60kg的人受到的重力$G=mg=60\text{kg}\times9.8\text{N/kg}=588\text{N}$

70kg的人受到的重力$G=mg=70\text{kg}\times9.8\text{N/kg}=686\text{N}$

80kg的人受到的重力$G=mg=80\text{kg}\times9.8\text{N/kg}=784\text{N}$

90kg的人受到的重力$G=mg=90\text{kg}\times9.8\text{N/kg}=882\text{N}$

由此可见，人的体重越大，重力势能的能量越大。人在活动、走路、说话、思考时，都是要消耗能量的，人的大脑要消耗人体25%的氧气和其他能量。拳术的物质是人的实体，拳术的质量是人以运动体现物理性质的量，将人体运动的质量转化成拳术的势。

例如，同等拳术水平的人，身材高大的人比身材矮小的人拳术的物质能量大，身材高大是拳术能力的一种本钱。而拳术的能量是看不见，但又能够被感知，促使物质变化发生的物理量。常指人的拳术行为具备的能力，含关节管辖的质量所能发挥的能力和作用（动能）。

能量的可传递是指能量的位置发生变化，拳术的重力运用，可以抓住对手的上肢后，身体忽然向下坠落，促使对手跌倒。人的拳术行为可从下蹲或起身的位移过程使重力做功，大腿离地面的竖直方向位移距离上做起、落的功，拳法的束、长行为是竖直方向位移。

能量储备比招式重要，心意六合拳的前辈设计捧中节套路，是训练并储备身体的束、长能力。

捧中节练法：身体自然站立，左脚在前，脚跟着地，脚尖微微翘起离地，脚趾下扣，左肩前领，右手握拳贴于肚脐，左手掌贴于右拳，以静视动。左肩前领，左脚向前伸，右脚尖对准左脚心，松胯，两腿屈蹲，身体下蹲时左右手前后拉开，此时眼往后拉，获得更大的视角范围。缩身而落，缩为起身蓄力（图163）。

两脚回收，向上长身跳起，同时两手回收，两肘击打两肋，两拳一前一后随身体的起向左上冲拳，冲拳后自由落体，两脚尖先落地（图164）。由此反复一起一落的训练。前脚落地后，后脚尖对准前脚心，身体下蹲时蹲势要矮，身体一屈，蓄长身而起的力。左右手前后拉开时眼往后拉，可获得更大的视角范围。两脚回收向上跳动用全身的力气。两手冲拳时两肘打击两肋，由此练竖直方向的

图163

图164

拳术能量及练内脏和四肢百骸的内外能力沟通，达到拳术的阴阳胶合。

拳术文化：捧中节训练从人整体质量上获得最大的拳劲。这种劲是手到劲发。拳法的势能是力与距离的乘积，拳法的动能是指物体因运动而具有的瞬时性状态量。捧中节是由下而上捧起一股力量，要求内动外随，内外沟通。捧中节既练内脏的强壮，又练四肢百骸的协调能力，要求内、外相合，阴、阳交合，拳劲成其一快。

拳法以束、长产生的物理矢量，实践拳法的攻防都有重力和弹力的应用。根据重力和弹力的力学原理，结合人体运动力学发挥竖直方向的拳术能量。练拳术要懂得人体形态的移动或上体活动是由骨、关节和骨骼肌共同完成的，骨骼和骨关节在神经的调节和各系统的配合下，对人体起保护、支持和运动的作用，运动中骨骼起杠杆作用，关节是运动的枢纽，骨骼肌是动力，肌肉所产生的动力主要是使骨骼绕轴旋转而引起转动或杠杆作用。人在运动中几乎所有的骨骼肌运动都是肌力与重力的对抗，由此获得重心的稳定。人体直立时重心位于第二骶椎前方7厘米，人体的各段又有各自的重心。人体发生位置变化时，重心位置也随之变化。重心位置的变化主要是扩大支撑面，达到一种回复力矩，获得重心的稳定。如果支撑面小于回复力矩，重量将产生破坏力矩，使人体倾倒。由此心意六合拳的手与脚合、肘与膝合、肩与胯合，心与意合、意与气合、气与力合，都是按照人体重力的原理使人的重心稳定，并获得拳法的劲力传递。

心意六合拳的内劲是“四梢无不齐，内筋无不出”，是指手法、步法及身法整齐协调的移动产生最大的劲，符合现代物理力学的质能互变规律。而不少拳师仍强调找拳、脚的劲，找到的也只是局部力量。

下面以心意六合拳的臂劲拳式体会拳术的重力和弹力应用。

臂劲练法：身体自然站立，左腿向前跨一大步，左腿屈膝下蹲成左弓步，两腿相贴夹裆，全身重心落在左腿上。同时右臂自上向下贴左腿外侧砍劈，左手自下而上贴颈穿插至右腮颊处，掌心向外护腮颊，此时两肘贴身（图165）。两脚跟不动，脚尖上翘向后旋转的同时身体向后旋转180°，形成右弓步，两腿相贴夹裆，重心落在右腿上。同时两手在腹前交叉，右臂随身体旋转自下向上挑至与自己的头顶等高，左臂自上而下沿前胸部往下插劈，左手护裆。两手一上一下有将物撕开之劲意（图166）。由此一起一落地转身，反复训练。

拳理分析：臂劲拳式有五大特点：（1）拧，以脊柱为中轴进行正反拧转，得到身体拧转的势能和反弹的角速度。（2）束，四肢关节以弯曲透过关节活动渐次集束力量，借下缩为伸展蓄劲。（3）长，是以小腹为圆心向外伸展，在束的变形前提下，由后脚蹬劲启动脊柱及四肢关节的展开，获得伸展的弹力。（4）弹，身躯和四肢在收缩的变形下，聚结收缩的劲急速扩张产生弹力，以及两肩或腿对着某个方向目标突然加速。（5）惊，“遇敌好似火燃身”就是惊劲，惊是低级神经做出下意识的本能反应，拳术训练多借惯性力来强化这种人体下意识惊劲的能动和速度。

图165

图166

认识：质心是物体质量中心，重心是物体重力中心，质心与重心有时是重合的。我们做个人体重心的调整试验：人背靠墙体自然站立，两脚跟紧靠墙面做向前弯腰的动作，弯腰的过程都会失去重心，向前跌倒。原因是，向前弯腰时重心没有向后调整的空间。由此可理解练拳以重心线为中轴保持身体对称与平衡，用拳是二人凭主观意识相互以动作对抗，破坏对手的重力平衡可限制对方的行为目的。

第二节　练拳术螺旋运动的能量

上一节谈了认识地球的引力及人受到地球引力而产生重力，介绍了拳法借重力与支持力。本节再谈认识人头顶上方的宇宙天体，拳术运用宇宙螺旋运行的能量。拳法以自身的质量进行螺旋，产生能使物体获得重量的惯性力。重力与惯性力的形成都必须有参照物，这个参照物可以是宇宙的某个星球，如太阳或月亮。例如，重力与支持力作用在同一直线上，二力作用点相同，方向相反。而人的重力线竖直于天地之间，人头部质量（重量）通过枢椎齿突，再聚肩颈的质量通过脊柱胸段前方，由上而下累加的质量通过髋关节偏后的膝踝两关节前方，落在足弓上，人躯干质量由上而下竖直于地心形成人体重力线。重力线竖直向下穿过人体重心，也是人体重心线。人体站立时的重心在肚脐周围，所以人体工程学要求安全护栏的尺寸高于肚脐，护栏低了就有危险。而拳术以人的重心线螺旋产生攻防的拳劲，是把人体看作由多个质点组成，质点所受的重力用一个合力来代替，即螺旋力。螺旋力以对手的身体为参照物，有粘住对手重心线的灵性。

心意六合拳的先辈在三百年前，就发现宇宙的螺旋运行是无形的巨能量，巨能量保证了宇宙空间有序。因此，古心意六合拳善于借宇宙螺旋运行规律获得能量，螺旋用拳要以丹田为人体的质心，带动人的整体质量一左一右地螺旋。螺旋产生拳法的向心力、离心力、惯性力及角速度，并以身体缠绕对手重心。心意六合拳的核心拳法是螺旋的调膀，并以整体质量的螺旋产生转身挑领阴阳势，这种拳势衍生心意六合拳“左为先锋，右为元帅”的阵法。心意六合拳还常“以步为奇”地抢位加身体的螺旋，形成进攻速度的平方。

本章列举十大真形的蛇形拳式，练一身之法左右螺旋，肩要催肘，肘要催手，胯要催腿，腿要催足。使该拳动之不见形，一动即以宇宙螺旋规律为拳术的法力，螺旋地拦截或分解对手的进攻，以身体螺旋的进、退，封、闭，走、开为拳的作用，如果手的拨转和步的奇特缺少身体螺旋为后盾，即使好用也只是懂得心意拳的只鳞片甲。宇宙的螺旋规律用于拳术是以身法为要，拳以身法的能量攻防是不浪费拳的物质与能量。借宇宙的螺旋运行规律和斜身移动身体行拳，行拳中发挥螺旋规律就有拳术最大的能量。

蛇形练法：侧身站立，左脚向左开步时身体向左闪展，同时左手前伸、右手后拉，身体稍微下蹲（图167）。

图167

右膝上提，右肘与膝合，左腿稳定身体的重心，使身法与脚步类似绕45°运动，以圆弧线的运动向左前出击，此时既可肘、膝同时进攻，又有身体螺旋的闪避之法，可攻、可防，也可反身螺旋攻、防（图168）。

图168

右腿下踩同时身体向右前方转动，两手合一向前冲（图169）。上左脚，两手抓拿回收，右肩与鼻尖对齐，身体忽然下蹲（图170）。以上运动过程要求步动身随的闪展腾挪，象形蛇的蜿蜒屈体，应用身体的螺旋及胯的起落产生惯性力。

图169

图170

拳理：蛇有拨草之能，回头进攻之妙。蛇靠腹部行走，蛇体在地面上作水平波状弯曲，由地面的反作用力推动蛇体前进。行拳以小腹为质心，由脚底与地面的反作用力经踝关节、膝关节、胯关节到脊柱关节，以脊柱为中轴带动人的四肢百骸旋转，移动身体始终要保持竖直的重力线。腿法忽前忽后纵横往来，抢实战的距离。身法忽左忽右旋转出大质量的角速度，抢攻防的空间。拳的阴阳交合有重力转动的力矩M，力矩的功W，冲量矩I，获得力对转轴的力矩，即：$M=Fd$。力矩作用对时间的累积叫作冲量矩，人体的重力转移形成整个质量的移动，使人最大的质量变成大能量。以脊柱为中轴，用身法和步法粘住对手的行为，用弹力和身体的惯性产生左右封闭的法力。

行拳的形态有位置或位形的威力被称为借势，例如，四两拨千斤的拳术势能是对手相互作用所产生共有的状态量，又称身体旋转或起落的弹性势能转化的重力势能，这种势能是储存于对手相互作用的一个系统内的能量，随双方对抗的位置变化而产生，不属于单方所具有的能量。拳术的重力势能与物体的高度有关，是位形和相对位置决定运动状态的向量；拳法的弹力势能，指发生弹性形变的物体恢复形变时对外界做功，是一种潜在的能量；拳法螺旋劲产生往返的角速度。

拳师借拳术的弹为行拳的行功矢量，常常隐喻海水潮涨潮落的现象获得势能。心意六合拳龙摆尾的拳式如同海水潮涨潮落。其实地球上海洋的潮汐是引力作用形成的，懂得宇宙基本力主要是宇宙间任何两个物体均有引力发生，而海洋的潮汐是在月球和太阳引力作用下形成的海水周期性涨落现象。月球对地球各点的引力不一样，因地球各点与月球中心距离不同而出现差异，由于月球的引力和地球移动的离心力在地心，处于平衡，即大小相等，方向相反。由于地球表面各点离月球的远近不同，就出现了正对月球的地方受引力大，海水向外膨胀；而背对月球的地方海水受引力小，离心力变大，海水在离心力作用下，向背对月球的地方膨胀，也会出现涨潮。龙摆尾拳式的运动质点受地球重力影响而竖直向下，其大小在数值上等于质点对悬线的拉力，重力就是悬线对质点拉力的平衡力。当龙摆尾式的行功以两腿支撑身体进行左右旋转时，随着地球向心力借人的重力向量做身体带动上臂拧转的运动，打出形同涨潮、落潮的拳劲。

龙摆尾练法：身体自然站立，左脚向前提膝跨出一大步，步不落地的同时身体已经带动右肩膀向左转动（图171）。向后旋转身体时右肘反打对手的咽喉或胸口，以上身、法、步的变化，总以腰为中枢，在两腿之间合理地移动重力线（图172）。龙摆尾以角速度分解对手的进攻力量，以线速度产生肩打和肘打，机会由全身的多关节合理屈伸而不断产生，重力涌出功力。

图171

图172

身体带动左手向右转动，右手后拉，左手插入右膝外侧，手摸右踝关节，左肩对齐右膝（图173）。左肩膀随身体向前向左旋转180°，左肩膀领左肘向前向上打出，后手推动左肘前顶（图174）。身体拧转180°，同时右脚向前提膝跨出一大步，步不

图173

图174

落地的同时身体带动左肩膀向右转动（身躯的三节以小腹为核心，节节扭拧地将全身关节和韧带的幅度拉长）。右脚落地，同时左手摸右肩膀后向前成反撩阴手，肘打的过程有身体扩展和收敛产生的弹性，肘在重力线的移动点上打出。由此一左一右反复练习，掌握后脚的蹬劲产生“浑身齐到人难挡”的整劲。

拳理：龙摆尾式的行功中头露三回，身体借正、反旋转的惯性力做功，功力与行为起点和终点的位差有关。龙摆尾是以人的整个物理矢量移动的重力，以及正、反弧线运动产生的角速度，发挥身体由一质点绕另一质点转动的重力向量。要求以脊柱为中轴进行正反拧转，得到身体拧转的势能和反弹的角速度。龙摆尾的拳势由斜向的束、长形成，表现出鹰、熊二势，“熊在束”是阴极而转阳产生“鹰在长”；“鹰在长”是阳极而转阴产生“熊在束”；这是在阴阳大法上获得攻守之势。“熊在束，鹰在长”是重力与支持力在拳术上的运用。

第三节　拳术的阵法与阵势

古心意六合拳在战略上有阵法，在战术上有阵势，以阵法与阵势取胜。用好拳术的阵法与阵势，要将人的心、身进行用拳如同用兵的分工：（1）心有深谋远虑的谋略，能运筹帷幄拳法的排兵布阵，对拳术实战的动静之法心中有数。（2）阵法上，身体的左为先锋，右为元帅，胳膊和腿为五营，五营又有将与兵的分工，两胯是承上启下的大将，两膀是阵前的猛将，运动关节越大即为所携带的兵力越多，练肢体关节的运动功能就是练战斗力。按照古心意六合拳《谱论》，用拳“将与兵，合为一气”是整体阵法，“四梢齐到，内筋出”是整体阵势。

拳术具体的阵法，首先是把人体的质量进行兵力部署及操练，拳法上操练由大关节带动小关节联动，如同军事上不同级别的军官带兵打仗：上肢将腕关节统管的身体质量，比喻为排的兵力进行操练；肘关节统管的身体质量就达到了连的兵力；肩关节统管的身体质量就达到了营的兵力；下肢将膝关节统管的身体质量比喻为团的兵力，胯关节承上启下是大将，操练整个身体的质量转变为拳术的能量；踝关节领脚步统管全身体质量的移动，带动身体闪展腾挪，操练身体的灵活性。由兵力部署安排各负其责的作战队形，即为拳术阵法的布阵。

中国古代的冷兵器作战非常讲究阵法，布阵得法就能充分发挥军队的战斗力，克敌制胜。例如，古代两军作战有以金、木、水、火、土命名的五行阵，有以八卦命名的八门阵，有十面埋伏阵等阵法。

拳术十面埋伏法是以对手身体的八方为可进攻的八门，加上对手身体的上下又有可劈天盖地进攻的两个门，可排十面埋伏。十面埋伏要求随机应变，用好身体的束长、起落、进退、反侧、收纵，身体收如伏猫，纵如放虎，长身而起，束身而落；反身顾后，侧身顾左右；起为横，落为顺；进行十面埋伏，打击对手。后手摧前手，后手埋伏在前手的后方，随时后手可从前手的肘底翻出。

拳术具体的阵势，是用拳时根据眼前的情势，目测对手远近，观察对手武功的老嫩：面对稍嫩的对手，精确即时地以步抢位，对手就无法抵御；面对老练的对手，先微调身形，以步进或退，摆列出前肩尖瞄准对手的结构，借身形的螺旋使对手进攻的大势已去，就能最大力地调动进攻和防守的身形，再将浑身的劲集中在拳势的力点上，这种进攻之势，以势力大于对手的拳术能量的架势进行进攻与防守；掌握阵势的要点：（1）用拳唯快不破，快关系到以踝关节制导拳法快人半步，先发制人等。（2）心意六合拳以鸡腿、龙身、鹰捉、熊膀、虎抱头、雷声组成有精灵之意的身法，以身法借重力势能形成拳法。（3）得心应手的把握拳术实战空间、方位、距离和角度，抢占拳术取胜的先机。（4）拳势与人的正常体重相关，质量是拳术实战的本钱，这是拳势的普遍规律，因此拳击比赛要求按照人的体重分级别。拳势的特殊规律是集浑身质量形成的能量用在一点上，用整个身体的能量盖过对手一拳一脚的冲击力，拳势具备压倒性的优势，称为盖世法。

盖世法的拳势产生于“天塌最难擎”的重力加速度，多为整个身体上下的束长之势，身体如同弹簧封闭对手一切的攻防行为，或在动态中以整体起落，凭借重力势能由上而下突破对手的防守，拳法产生浑身齐到的下坠，将对手中节压屈。要求“上法以手为妙”的拨转，手的拨转有身躯做后盾，有塌天之意的斜劈或鹰捉；要求进法以步为奇的抢位，后续行为随步势敏捷而上；要求以身法为要的提升进攻速度和攻防能量，肩膀要舒展、胯要裹、脊柱带领后肩在螺旋运动中变为前肩，移动身躯的同时，颈、肩、肘、腕、手、胯、膝、足、臀等关节联动，身体移动中富有“S”线的活力，既避开对手的进攻，又可用大质量产生大能量压制和打击对手。如果只用局部的质量进行进攻与防守，就势单力薄，只属于“墙倒容易顶”了。

心意六合拳《谱论》指出“三回九转是一势”，这一势如同虎借山势，指拳法的收、纵是人体三节九体的联动，联动产生浑然一体的动量，身体的移动或左右螺旋都有排山倒海之势。三回九转是胯与脊柱带动身躯，用拳是全身的能量和合，以整劲攻防。但是，拳术实战时，人会本能地用手臂阻挡对手的进攻，这种梢节的势能常不足于阻挡对手的进攻。要知道人的质量可转变为能量，胳膊拧不过大腿就是胳膊没有大腿的质量大。当遇到对手拳脚的进攻时，单用脚手的局部能量去进行平面的防守应敌，用梢节应敌、是不懂拳势。

例如，腿法攻防，随时以身形反弹的角速度将对手从水平方向连根拔起，就是卷地风，而用腿法踢对手下肢是括地风。

三回九转不单是身法活，还指攻守线路上的灵活应敌及造势。从势上看，人整体与局部的效能悬殊太大，整体以丹田为人体运动空间的圆心，躯体好比太空中的星球有星球运行形成引力和斥力，而肩臂好比是躯体的卫星，躯体的引力带动左肩臂形成拳术的先锋，躯体的斥力带动右肩臂形成拳术的元帅。两肩在腰腿带动中一左一右的旋转，形同拨浪鼓的鼓锤，这是借人的整个质量螺旋做拳法的角速度运动，此时螺旋的肩臂有对手难以阻挡的拳劲。如果再借到“步能过人”的超过对手的重心，是把自身最大的质量变换为实战的势能。

鹰、熊斗智是心意六合拳最经典的阵法与阵势，表现出阵法与阵势的阴、阳变通，“鹰在长”有进人之诀，“熊在束”有防护之诀。鹰、熊在攻防中换势，熊势蓄劲在身，蓄而即抖身而起；鹰势擎手高挑阻挡，捕捉对手的攻防行为。练与用都是束与长、起与落、进与退、攻与防的得势，要求人的胯、膝关节的屈如同弹簧受压，产生在竖直方向弹起整个身体的伸，弹簧的屈伸为拳术行为提供束、长的动能与势能。

例如，鹰起的穗打，由立正的姿势起双手，起手撩阴望眉直至双手向上伸直，形成两手高挑的姿态是“鹰在长”的展放之势。

拳势是动能，动能是物体由于运动而具有的能量，通常被定义成使某物体从静止状态至运动状态做的功，动能是运动物体的质量和速度平方乘积的二分之一，即$EK=1/2MV^2$。

我们一分为三地认识拳势的内劲传递：

一、劲力传递要有实其腹的百日筑基，以小腹的丹田为人体运动空间的圆心，练丹田充实就获得内劲传递能力。训练深蹲龙调膀的定桩，三尖对齐的定桩使小腹部如同刚体，由此练丹田一周围的静力抗衡，达到实其腹的养精蓄锐。要求定桩时内隐小腹及两胯有如同火车头的引擎处于发动的状态，预动之势随时能把铁轨上的机车带动。还要练叠肚功，叠肚功以小腹进行腹腔上下及左右的翻滚运动，小腹波纹形式的折叠运动是以腹肌的角位移物理量传递拳术的能量。

二、劲力传递要练“前六势劲硬，后六势劲软”。前六势劲硬是硬在前六势如同枪尖；后六势劲软是软在后六势如同枪杆；胯的劲力传递使枪尖的劲源来自枪杆，这是以后六势蓄能并且将能量传递到触及对手的前六势，包括三节的起、随、追一气呵成的联动，在水平方向形成人体最大的劲力传递。后六势劲软的修炼是练腿法单重的松，把重心（重力）集中在一条腿上，另一条腿随时能松静自然地移动身体（即投送兵力），并且在单位时间内多出拳法的变化。

三、在竖直方向最大的劲力传递是身法的束、长，身体竖直向下束身而落的下蹲，浑身的劲向下集合，属于借重力获得拳术势能。同时借以化解对手的拳劲及破坏对手拳术进攻的行为目的，被隐喻为熊看洞；身体竖直向上长身而起的展开，浑身的劲向上弹，属于借重力和支持力以获得拳术势能。同时运用腿曲蹲时储蓄整个身体向上长的弹力势能，打出被隐喻为虎离窝的拳法。练身法的束、长，两腿下蹲到“之”字形是弹力最佳的状态，可使膝关节储蓄人体最大的弹力势能，膝关节起落的位差越大，弹力势能越强，如同弹簧被压得越紧势能越大一样。

例如，人拿一根皮筋，拴一个小石块在竖直方向下拉，一松手皮筋把小石头上弹到高处是弹性势，小石往下落就是重力势能。

拳法的熊看洞与虎离窝是人整体质量的束与长，身体由束到长必然借了重力与支持力为拳术矢量，瞬间将束与长的矢量用在对手的重力线上，向下束是“鹰捉四平足下抛”的抛对手的重心；向上弹是瞬间“如虎之根”的掀翻对手的重心，足以将对手身体连根拔起。

第四节　练身体抗打击的能量

修炼身体抗打击的能量主要是进行排打训练，先用掌拍打丹田，以利丹田充实，然后拍打身体各个部位练习抵抗击打的能力。击打拳术攻防的常用部位，可选用树木或墙体当对手，使身心积累一种直接打击的经验，体验成熟的经验形成拳术行为的本能。摸索击打的对抗行为如何正确合理，需要学习许多相关的科学文化，用心分析人体运动的基本规律，需要认识拳术事物的象、数、理，了解拳术行为的空间、方位、质量、能量、重心、技能及运动的变化。就运动物体的对抗而言，要求熟知关节端面结构和质量，才能在实战中用以进行科学有力的进攻和防守。例如，有人用手打击我下阴部位，以手阻挡是质量相同的对抗。如果以提膝阻挡就是用大质量阻击小质量，这样对方进攻的手就会被重创。

拳术实战中有打和被打，练承受击打的能力，是决定胜负的关键，参与实战的人必须有一定的排打能力，才能够受到一定的击打后仍不气馁，仍可凭借本能去攻防。排打是实战必备的能力，传统武术将外壮练成的排打能力比喻成铁布衫，将外壮配合内五行练成的排打能力称为金钟罩。

铁布衫练法：用棉布制成的沙袋，拍打肩、背、胸、腹、臂等部位；手着力搓摩胸背，搓练时运气敛力到皮肤、肌肉；平日睡硬板床，可坚实人的筋骨肌肉；常击打木桩，灵活关节枢纽，练上臂的劲；长期坚持自我排打身体。

金钟罩练法：练龙调膀定桩，该桩既表现在静力性力量上的相对力量，又反应出动力的绝对力量。练龙调膀定桩是以桩功强化两腿力量，使步履轻松。而且可内壮脏腑，外壮肌肉，增强腹腔的内动力，坚持千日练习渐形成金钟罩功夫（图175）。

拍打丹田的训练：进行丹田拍打，待中节的丹田经过拍打充实后，再进行丹田的适度力量排打训练。力量由大到小拍打人体关节，增强肌肉张力，使其具有抗打击能力，使相应部位产生抗击打本能（图176）。

图175

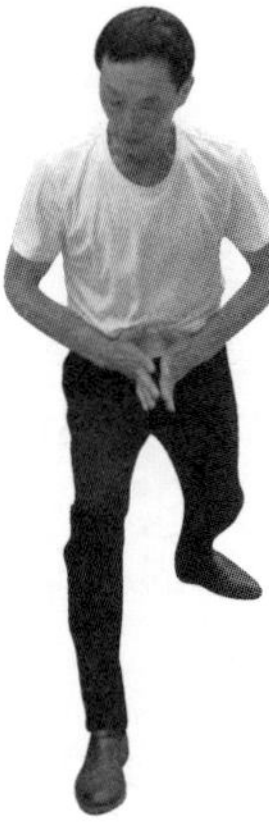

图176

击胸拍胯式拍打：两脚开立，距离比肩膀稍宽，手自然伸直。右手由下而上随身左转，右肘打击右肋，左手拍打左胯，成左侧身。右手由上而下随身体右转向右下运动，左手由下而上随身体右转向右上运动，左肘打击左肋，右手拍打右胯，成为右侧身（图177）。

图177

功理：拍打是营养气血的手段，也是通过练触觉获得抗击打能力的方法。体验自我排打，再打树木或墙体，体验触觉敏感，适应外在的力量，要根据自己身体的适应能力而打，通过拍打通气活血，强壮筋骨。

拳理：心意六合拳重视增强腹肌伸缩及膈肌升降，让腹腔内脏得到腹力与滚动的气压。练习躯干静力抗衡及缓冲被打击的震荡，增强神经和肌肉功能及潜藏爆发力。

第七章　修炼无形的拳术智慧与能量

修炼古心意六合拳的心意，是指补充内心可承载的无形的智慧与能量，也指让心意储蓄拳术的战略力量：修炼心意包括增长内心的远见卓识、收集拳术的心理经验、掌握拳术的训练知识、发挥拳术的攻防技能等，重点是修炼“脑力”。脑力泛指由大脑产生的记忆、思维、情绪、精神及一切无形的智慧与能量，是最重要的生命能量。当人的脑力低弱时，会出现失眠、情绪低落、记忆力衰退、思考能力下降、生活幸福指数下降等现象。由此可见，修炼心意要研究人类的心理现象、精神功能和行为学，是练华夏拳术的一个重要科目。练该科目涉及人的道德修养、人格的成长、拳术与拳法的认知等，与人体的神经科学及社会科学有密切关系，这里的“心意”比心理学的范围都广泛。

心意的脑力与身体的体力成对，二力和合成生命力，修炼心意是内心承载无形的智慧与能量，让心意储蓄拳术的战略力量必须博学、慎思去正心。人心的欲望太高，正心是一件难事，有不少人会知难而退或半途而废。古心意六合拳《谱论》中“劝世人学艺，莫学拳”，正是奉劝一些欲望太高的人，人花几年时间学好一门手艺或技术，可凭手艺或技术养家糊口，人在某专业的研究上花十几年时间可成为专家。而修心，常会“自己欠悟理不通，每日迷来罔自神”。

修炼心意，要认识到人类生活在地球，地球处于宇宙，所以人属于宇宙的微尘，人体有诸多宇宙空间的物质元素，人心逐渐获得宇宙无形的智慧与能量而逐渐进化出精神世界的生命。在一切的生命中只有人类有思想文化、理想、信仰，只有人类能劳动、生产、创造世界，人类与时俱进的进化过程就是“道”，而且人类觉悟“道”的智慧与能量是宇宙有多宽广，人心就能走多远；要认识到身体质量与运动时刻受重力作用的影响，人体的重力线自上而下贯穿支撑人体形态脊椎及胯、膝、足等运动关节，以自身质量的位移造拳势；把握拳术实战的重心，摧毁对手重心，谁失去了重心，就失去了攻防能力。

心是统帅身体的元帅，也指头脑有无形的智慧与能量；意是传递所有行为指令的原动力；心与意以神经系统为载体，为生命活动提供信息反馈与信息方法。人一旦内心缺乏无形的智慧与能量，就会情绪不好，易犯各种各样的错误，这是造成失败的主要原因。修炼心意，是对个人内心无形的智慧与能量进行开发，要不时地深入学习，改善心性。拳师要让思想正确，就要弄懂许多与拳术相关的科学道理，由抽象到具体去体察拳术攻防质量、能量、信息等要素，心意感而遂通，明了拳法的质能互变规律，内心有正确决断拳术行为的智慧与能量；还要锻炼心意与四肢百骸之间的信息反馈，计算攻防的数据，随机应变拳法，心身合一使正确的拳术行为能力形成本能。

内心的拳术行为指令是通过计算“眼观六路，耳听八方”收集到的信息做出判断的，内心无形的智慧与能量强大，心意就有正确决断拳法的魄力，激发并带领四肢百骸发挥取胜本能；内心无形的的智慧与能量弱小，就缺乏付诸正确的拳术行动的魄力，心意一窝囊，拳法常成为幻想；修心是储蓄拳术的战略力量，心意促使四肢百骸各负其责发挥战术力量。

华夏古拳术的衰退主要是忽视了修炼无形的智慧与能量，要复兴华夏古拳术的辉煌，必须恢复修炼人无形的智慧与能量。

第一节　运用易理的智慧修炼心意

古心意六合拳全凭心意筹划四肢百骸的锻炼，用拳时身体左侧为拳法的先锋，身体右侧为拳法的元帅，拳师身法闪展腾挪于三维空间，用拳有六个四肢百骸的自由度，即沿x、y、z三个直角坐标轴的三对方向运动，前后、左右的二对方向上有“以步为奇”的自由度，随时能够“退身收如伏猫、进身纵如放虎，反身顾后、侧身顾左右”，均以整体质量抢占对手的重心；上下的这对方向上有身体一起一落的自由度，运用自身整体质量的束是重力运用，运用自身整体质量的长是支持力运用；在拳术的阵势上，以“手起是虎扑，手落是鹰捉”，手脚并起、并落去抢占对手的重力线，获得拳术取胜的空间、方位和角度；“肩起为横，肩落为顺”是最具战斗力的拳术主战装备。以上练拳与用拳的经验，都能够在易理中得到“拳理有数证，功夫因质成”的检验。因此，运用易理的智慧修炼心意，实践“地势坤，君子以厚德载物”，以德承载有“道”的拳法，要求心意以无形的智慧与能量，设计与制造人有形的四肢百骸，成为拳术攻防的装备。图178太极阴阳图中的阴阳鱼就是处于“和合”中，我们在此将图中黑鱼隐喻为天，天对应人精神世界的生命，称作“自我”。心意属拳法的阴，博学、厚德、正心的将日常见识及用拳的经验贮存于心，提高信息判断能力，避免攻防过程中出现错误；再将图中白鱼隐喻为地，地对应人物质世界的生命，称作“本我”。身体属拳法的阳，训练拳术要依据人体骨关节的构造及动作域，由大到小练关节支持整体拳法的能量与能力；再将“自我”无形的智慧与能量与“本我”有形的能量与能力“和合”，形成“不动如山岳、难知如阴阳、无穷如天地、充实如太仓、浩渺如四海、炫耀如电光”的拳法。

图178

太极阴阳图中“S”线是阴阳两仪螺旋运动线，称作阴阳线。从象上看，“S”线隐喻拳术螺旋运动之象；从数上看，“S”线有拳术攻防能量彼消、此长的数据，拳术螺旋用拳要目测自己与对手的距离，判断对手拳术的老嫩，随机掌握实战的数据；从理上看，“S”线指拳术对抗中行为果断，攻防巧妙，拳术行动有准确的数据。

练拳与用拳的经验总结要依易学的象、数、理，认识万事万物初始与存在有三个基本要素。太极阴阳图中“—”为阳的符号、“-- ”为阴的符号，由两个符号组合乾、坤、震、巽、坎、离、艮、兑的八卦图像，象征着自然界的“天、地、雷、风、水、火、山、泽”八个事物，启示“道生一，一生二，二生三，三生万物”。古心意六合拳心意的初始是以“内三合”练拳术无形的智慧与能量；古心意六合拳的拳技初始是以“外三合”练有形的物质能量。练拳与用拳要明三节，三节与九体组成“三弯要对，三尖要照”的拳法，由心、身的能量与能力合成“行到地里五谷生，行到人前得其志，行到家里无祸生”的拳术本领。

中华传统拳术都是传习性传承，老师有传、学生有习的主要是拳术套路。传统拳术只有古心意六合拳顾名思义要通过修炼心意，获得无形的智慧与能量。虽然拳术套路主要是修炼人物质世界的生命力，但身体经过脱胎换骨般的磨练，就会增长心意的能量。

修炼古心意六合拳要在“天、地、人、和”上做功课。

练拳与用拳是两回事。练拳有马步桩、弓步桩，行桩时身体与骨关节及骨肌都是相对紧的；而用拳时全身要放松，松到如同起跑预备一样轻盈自然，身体的放松是拳术攻防前的准备。拳练人的生命能量，储蓄心身的拳术能力。拳术的物质是身体的四肢百骸，拳的能量由身体的四肢百骸联动产生，要由大到小练关节的功能。髋关节是多轴性的运动关节，单独练胯承上启下的拳术能力被隐喻为“龙腰”，由胯联动拳术行为的起落、进退、反侧、收纵，是大质量产生质能互变的大能量；肩关节最灵活、劲力最浑厚，单独练肩膀的拳术能力被隐喻为“熊膀”。用拳是运用内心无形的智慧与能量结合身体运动的能量与能力，用拳必须运用力的三要素：即拳劲的大小、方向和作用点，这三个要素缺一不可。拳劲的大小取决于由胯承上启下联动的质量大小；拳劲的方向由三尖相照瞄准；拳劲必须达到作用点。用拳由前膀带领拳法有的放矢，心想事成。

古心意六合拳用拳是心知时识势，“知几、拟议、明断”是拳术实战的趋势，根据眼前、手前、脚前的攻防信息因时用势，指令臂、腿进行各负其责的联合作战；身体及臂、腿为五营，手、脚如同军事作战中的多兵种兵力，“梢节起、中节随、根节追”投送兵力，做到“以步为奇”，以寡敌众时，被众人围住也有路可走；拳法如同冷兵器的双头枪法，两个膀尖前、后调动如同两个枪尖一阴一阳有的放矢地奔向作用点，腿与脊椎如同富有弹性的枪杆，将全身劲力集中到一点。

运用易理的智慧修炼心意，日常不时地深入学习，对拳术攻防客观的信息进行计算，养成日常不时留心判断拳术事物的习惯，将觉悟及实践经验贮藏于心，高级神经收集与传递拳术攻防行为进入对手时空的数据，使肢体低级神经本能地形成拳术攻防的条件反射，心意、高级神经、低级神经不断改善拳法训练与使用的层次，这样“会意之心能和气归一合顺，则天地之事无不可不揣矣”，用拳时“知白守黑”，使心意有客观自然、绝对准确的判断力，用切合实际的攻防数、理消除不实际的主观偏见，避免实战时不知所措。心意指令身体攻防是拳术的信息运用，信息包括宇宙各种事物特征、运动状态、变化规律等属性的载荷，人感觉到的觉悟与学到的智慧是信息，人的经历与故事也是以时间与空间为基础的信息。心意指令四肢百骸的拳术行为要以神经系统为载体，这关系到神经传导的通畅，神经传导的通畅又关系到脊椎段重力线的重力平衡，人有31对脊神经要从脊椎的缝隙中穿插，前辈以“搜骨之法”搜练脊柱关节的良性排列与重力平衡，保证中枢神经传导的通畅而提高神经对拳术攻防的记忆，这样在用拳之前神经记忆与丘脑已对拳术攻防的动作进行微调。最重要的是心意对拳术防守的感知、觉察，内心整合由有效的防守转变为进攻信息数据，心意指令身体进行井然有序的防守，由防守转变为行之有效的进攻。

人生活在地球上，人体的重力线自上而下贯穿支撑脊椎及胯、膝、足等关节，以自身质量的位移造拳势，是重力运用；实战时保护自己重心，摧毁对手重心，谁失去了重心，就失去了攻防能力。

第二节　学力学，用好身形结构搭配的拳势

古心意六合拳的把式是由心意指导的拳术运动架式，属于由四肢百骸搭配的拳法结构，好的身形结构要练骨关节的伸展幅度、练骨关节的柔韧性、练筋与骨合、练三节九体的恒久之功，由多骨关节的搭配形成攻、防的支架，照此法则练拳术与用拳法要将人的身体分为三节九体，三节组成“梢节起、中节随、根节追”的联动结构，用拳时身体的起落、进退、反侧、收纵、束长，都是大质量运动产生大能量；九体组成拳法力学结构上的长短搭配、曲直搭配，全身上下就能“故一枝动而百枝摇”，从而产生由身形结构搭配的拳势。例如，用拳时后手推前手，就属于拳术身形结构的搭配。

古心意六合拳在防守上有以骨关节为元素，多关节联动组成的三道门：第一道门由“手与足合”的搭配把守着，以手与脚的多关节搭配保护头及上体组织与器官；第二道门由“肘与膝合”的搭配把守着，第二道门的防守力量关键在肘与膝的拳术速度、耐力、柔韧性、变通性；第三道门由“肩与胯合”的搭配把守着，这道门是人整体质量的动能把守。把守三道门的拳法元素是六势，即鸡腿、龙腰、熊膀、鹰爪、虎抱头、雷声，六势的变通离不开两手、两足、两肩、两胯、两肘、两膝进行长短搭配、曲直搭配、上下搭配、前后搭配，搭配攻与防的互补，搭配拳法的埋伏，搭配出拳术“四梢无不齐，内筋无不出”的大能量。

用摇闪把时，拳法的身形结构搭配是“肩要催肘、肘要催手、胯要催腿、腿要催足”，处处以大关节带小关节，做到牵一发而动全身。如果用摇闪把时只动胳膊，就没有支撑的结构。如同弓散

了，弦就拉不紧。

学习拳术力学，用好身形结构搭配的拳势：拳术进攻时，主要是以多关节联动产生拳术进攻速度与能量，获得拳劲的传递；拳术防守时，主要是以拳架的结构坚固保证防守的质量，以整体身形结构的严紧防守对手的拳脚，时刻保护自己的重心。

下面介绍几种身形结构搭配的拳法。

一、好拳架有前、后把位的结构搭配，“前膀领着走”是前手为前把位、前膀瞄准对手的身形；“后手推前手”为后把位、有支撑前把位的物质与能量。这种前、后把位如同打弹弓，握持弹弓的前手由拇指和食指按住弹弓的两侧，掌心按住弹弓的把手形成前把位。后手拇指和食指捏住皮兜里的小石子，拉长弹弓准备射击时为避免弹弓皮兜里的小石子来回摆甩，后手得依靠身体某个位置固定后把位，达到稳定的瞄准，才能够三点一线地精准击靶。

心意六合拳是由枪法而创的拳法，身体的左右互变使前后膀如同双头枪的枪尖，用拳的前把位是以前膀瞄准对手，后把位是后手及身体的后续行为。因此，心意六合拳《谱论》指出“约其势有前、后六势”前把位是用拳的前六势，“前六势劲硬”是指前把位如同锋利的枪尖；后把位是用拳的后六势，“后六势劲软”是指后把位如同投送行为能力给枪尖的枪杆，即拳法以脚为奇、以身法为要，拳法的后把位是在身形结构上如同把枪尖安装到枪杆上，使攻防行为形成首尾相连。

二、心意六合拳的拳架有埋伏的结构，从结构上看“后手推前手”，后手随时能够从前手的肘底翻出就属于一种埋伏的结构。调膀是埋伏的后膀与后手随脚步齐上，不断将后膀变为前膀既是一种埋伏，又属于大质量产生大能量的进攻，膀的进攻能承受反作用力的负荷。“拳打不见形、后手只在洞门藏、势势如虎扑、把把如鹰捉”的互变等都属于拳法在身形结构上的埋伏。

三、心意六合拳的拳架有鹰捉和熊膀的结构；鹰捉与熊膀随时可相互变通，相互增强运动速度和整劲，相互由起、随、追形成后方支持前方的运动结构，该结构要求多关节的节节联动，经束、展、弹获得拳的动能和势能。鹰捉和熊膀是身形结构的运用，要将人的重心移到丹田，丹田为质心带动多关节联动。熊膀要将腰腿的劲力传递到肩，鹰捉时的肘与手要借重力往下抓拿对手的重力线，质心向下传递躯体的动能，使上体的技击行为有后驱运动的速度和质量。鹰捉和熊膀要联动四肢百骸，浑身有起、随、追的结构搭配，后一个部位是前一个部位的后方，前、后方通过骨关节和骨骼，相互产生力点、支点和力的合成，以身体的起落、旋转、反侧带动四肢，这种身形结构是大质量的运动，必将产生拳术攻与防的大能量，并使拳法有精确制导。

练好拳术的身形结构要认识点、线、面、角、圆的概念，拳来是一点，发力循轴线，拳找对手身体为受力面，闪展腾挪是为抢角占上风，拳技善圆能走化。练身形结构要研究人的可旋转关节，根据可旋转关节的生理构造及运动功能搭配攻防的结构。练拳要将身形分出三种轴和三种面：矢状轴为身形前后方向的水平线；冠状轴为身形左右方向的水平线；垂直轴为身形上下水平线与水平面垂直。懂得三种轴和三种面互相对立形成用拳的三维空间，拳术攻防的结构要满足在自己的三维空间用拳。明白身形的长、宽、高形成六个相互交错方位，练拳术身形结构的起落、收纵、束长，促使拳法准确地针对对手的拳术行为，甚至身形结构如同量体裁衣一样专门为对手设计。

1. 矢状面是沿矢状轴方向所做的切面，将人体分为左右两分的纵切面，该切面通过人体的正中线。矢面拳法以脊柱为中轴进行左右旋转，由身体正反方向的动作产生角速度躲避实战的危险。

拳法在矢状面上要求“展开中平前后梢”，使身形左右对称，此时以人体正中线将身形分为相互对立的两个面，左为阳、右为阴，身法的阴阳转化产生“左为先行，右为元帅”的拳法。左右对称使头部肢段质量的重力顺利通过颈椎，沿椎体向下，再经髋关节稍后方，膝踝关节前方，各肢段的质量都竖直向下达到地面。身形左右对称，两肩膀对展使肩胛的骨肌宽松并下降重心，便于脊椎带动的拳法是大质量产生大能量的行为，并且行为敏捷。身形前后的结构对称，胸背圆，胸腔获得宽松，改善心、肺的工作环境。

2. 冠状面或额状面，是沿冠状轴方向所做的切面，将人体分为前后两部的纵切面。冠面拳法以躯体前后的收、纵（吞、吐）为法力。

拳法在冠状面上要求有“虎借山势”的身形结构，这是使用位能与动能。实战的动能有$E=1/2MV^2$的力学公式，以腿法带动身形的多关节联动分母最小，动能E是物体质量与速度平方的乘积的二分之一，M是质量，V^2是速度的平方。腿的速度和后腿的起落及蹬劲使身体倍增冲量和弹力，“虎借山势”是质能互变和能量传递。拳法的质量越大，动能越大；速度越快，动能越强。人体的质量分布为：头占全身7.5%；上肢占11.5%；下肢占36.5%。躯干起落可牵动的质量是人体整个质量的75%以上，身体平动和旋转都是大质量的运动。

3. 水平面或横切面，是沿水平线所做的横切面，它将人体分为上下两部，与上述两个纵切面相垂直。胯和肩的运动同样有轴和面的形成。水平面拳法以身体的浮、沉，实施竖直劲的攻防。

练拳在水平面上要求多关节联动的转、翻、拧、插，以一个骨关节的结构和功能为主体，联动几个骨关节和骨骼，以大质量产生大能量是三尖对齐的结构。例如，龙调膀式要求脊柱竖直的同时身体侧身扭拧，将人体的鼻尖、膀尖、脚尖照在一条直线上，在结构上改变人体运动形态的轴和面。三尖对齐要求头正，头正四梢就和全，并且可获得广阔的视野，达到“眼有紧察之精”；脊挺达到重力均衡而气机畅通，劲达四梢；胸背要圆，松膀适度，放松肌肉，屈膝使身架既坚实稳固又多出变化；松膀，则上肢力富；三尖对齐的身体旋转储蓄了向反方向运动的势能。肩膀对应对手的胸部，肘对应对手的心窝。如果身法左右互换旋转180°，产生角速度。这种结构从轴和面调动人体质能互变的力量，促使拳术行为随时有动能和势能。三尖对齐是多关节拧转、牵扯、束、长、弹，由身体上下齐动搭配出束、长的劲力。三尖对齐还搭配出反、侧的拳法。

综上所述，拳术的结构搭配要用生理解剖、几何学、物理力学的知识，使拳架的结构科学合理。下面举例阐释用拳“以步为奇、以手为妙”，身形结构搭配出拳法的质量与能量，搭配变通的拳法。

用拳的进法，以步为奇：（1）奇在以踝关节制导步移的灵活，把足底隐喻为人与地面接触的关节，踝关节诠释重心调整的信息。用踝关节的扣裹和膝关节的摆缠，使对手失去平衡，失去重心。（2）奇在两胯左进右退，势猛然。虽然以上肢为触点与对手接触，但上步进胯是用自己整个质量压向对方重心，此时脊椎旋转的一擦而进，身体再回转，足以将对手连根拔起。（3）奇在有脚尖领三尖对齐的结构，侧身的三尖对齐将整个身体调整到攻防动态的畅通，侧身的螺旋容易抢到攻防的空间、方位、距离、角度。正、反螺旋的抽换两腿，总有一腿如虎践，踩在对手的重力线上发挥身体的束、长，以自己整个质量的角速度动摇对手的重心。此时自己的整个质量可借重力向下束，可借支持力向上长，产生“束长两字一命亡”的进攻威力。（4）奇在两腿形成夹剪之夹的蹭步，蹭步的提膝使全身劲力合在一点上，获得最佳的重心。蹭步起落能力强大，要求“右腿未起左腿随，左腿未落右腿追”，两腿快步移动身体是运送战力。

用拳的上法，以手为妙：（1）单手之法妙在随身体动转得势，起前手下截对手的同时束身而起催后手，如燕子取水往上翻。（2）两手之法妙在左右依靠肩膀的调动，调膀依靠脊椎的关节功能，脊椎领导两腿的抽换。由此两手交互并起并落，起如抽，落如钩。或两手撩阴起，起如虎之扑人，落如鹰之捉物。以手为妙是由多关节联动的拳术方法，出手有鹰抓的结构，用肩有熊膀的结构，鹰抓与熊膀都是以身法为进攻之辕的用拳。（3）妙在出手曲断对手身体中节，或瞄准对手脊椎打乱对手的重力线，由此使对手失去重心，处于被动挨打状态，这样用拳如同两军交战，为减少受伤先打散对手的攻防结构。

下面介绍几个心意六合拳身形结构的特定技法，其特点是“起为横，落为顺”，以身体的正、反螺旋的角速度将大质量转变成大能量。

身体自然站立，小腹带动身体由左向右拧转，经肩、背、胯、脊柱等部位传递出多关节联动的拳势（图179）。左肩对齐右脚尖，左肩可自然又巧妙地撞击对手心窝。在左肩前领，左手成了对手防守目标的情况下左脚上步，同时身形抖起，以整体的支点、力点和最佳角度发挥右肩、胯、膝的能力，右肘与左膝对齐，右手推对手咽喉，同时右肘可顶打对手心窝（图180）。身体左拧下蹲，两手如老鹰下抓，同时右肩对齐左脚尖，用肩打，也可上右步胯打或肘打（图181、图182）。左腿蹬上一大步，打出十字把（图183、图184）。

图179

图180

图181

图182

图183

图184

技法分析：以上几个动作的变通技法，都是将人体最大的质量，转变为实战能量拳法，技法用膝打、肩打，以身体做后盾，手段是三节九体的首尾相连，目的是打倒对手。阴门叠壁，地翻天。掌心属阴，掌心紧叠对手胸部向上推，将对手的胸部拟为壁，将对手下颌拟为地，对手的头顶拟为天。手贴在对手胸膛，向上将对手下颌和咽喉推到头顶，肘顶对手心窝，产生天翻地覆的效果（图178）。此时身体突然下蹲，可拧转出束身而落的大劈，同时两手向下，手落如钩，如老鹰抓物，物不能逃。右肩对齐左脚尖产生肩打，右肩尖对齐左脚尖时，肩胯储蓄了反向打击能量。

心意六合拳以身形结构搭配出三节九体的周而复始，使攻防行为首尾相连。首尾相连的拳是由脊椎、上臂和腿关节联动产生，由动态的骨关节联动构成拳术的顾打结合。我们把拳术水平状态的动作称为平圆运动；把拳术垂直状态动作称为立圆运动；把拳术倾斜状态动作称为斜圆运动；把拳术往返的圆运动，称为环转运动。以拧转身体的圆运动向身体前、后、左、右、上、下发劲，属于按圆运动轨迹用拳。按圆运动轨迹用拳，功力最大。螺旋用拳使多个骨关节联动的圆运动产生线速度，螺旋层次越多，功力越大，拳劲是质量和运动速度的乘积。

例如，龙侧身练法：起势，侵扑站。左脚向前蹬出大步，左腿跟随半步，身体侧身下蹲同时左手前伸、左手后拉，前手高度高过头部（图185）。

左脚尖向前迈一小步，右腿向前蹬出一大步，左腿跟随半步，身体侧身下蹲同时右手前伸、左手后拉，两手高过头部（图186）。由此左右交替训练拳法纵、横的整体劲。

图185

图186

拳理分析：用拳以人的整体质量为基础，以多关节联动获得速度的平方，以身体的螺旋稳定拳的结构并产生后驱运动力，以化解对手行为能力的角速度，进行有效防守。龙侧身以脊柱带动身体以横破竖，由脊柱联动四肢百骸进行“梢节起、中节随、根节追”，由丹田与脊柱向上下传递劲源。自下而上的侧身起两臂，轮换在膊与肘，抖绝在胯与肩。以侧身进行以竖破横，保护自己头部，属于设伏掩袭的用兵，螺旋侧身的进退使手脚与身体保持浑然一体的结构。

用好身形蕴含的三种拳势：前面谈了身形结构的要素，人的骨关节搭配拳架。下面按照人体力学谈大质量和加速度是瞬间质量堆积产生大能量的拳势，拳势的每一动都由多关节相互配合获得动能。古心意六合拳前辈按照拳法定轴性的原理，获得拳术整体结构的势能。心意六合拳整体的身形结构蕴含中平势、斜山势、牮柱势，这三种基本的拳势分别满足拳法变通的实际结构，发挥浑身上下质与能的传递。

一、身体以正直为妙的平行或旋转，称中平势。中平势的动能定理$E_{平动}=1/2MV^2$；中平势的身形结构为标准的“手与足合，肘与膝合，肩与胯合”，身体起落及左右转动以正直为妙。从动能定理的公式来看，E是拳法起落、进退、反侧、收纵的动能；M是身体质量，是拳法纵横的后盾，身体平动的动能中分母最小，动能最大；V^2是速度的平方，拳速是“手快不如脚步快，脚快不如身法快”。

中平势是脊柱竖直的移动身体，如身体转动90°～180°，有抖决的能量，身体翻转360°有翻动的能量（图187、图188）。

图187

图188

二、以斜身能闪为妙，称斜山势。斜山势的动能定理$E_{边轴}=1/6MV^2$；斜山势用“善闪为奇”的身形左右转动，腿走斜线，裹边闪展，斜身回转的变通空间、方位、角度，以步纵身完成身法的斜形移动，左右回转中肩肘瞬间向身体的左右轴线展开最大的位置，身形搭配出正、反角速度，以斜身的封闭闪法化解对手的进攻（图189）。

图189

三、身法成为杠杆的复合运动，称犁柱势。犁柱势的动能定理$E_{中心}=1/12MV^2$；犁柱势以小腹传递脚底的劲源，增长脚底到肩膀的力臂，产生全身是劲在一点的整劲，能量穿透对手的重心。

犁柱势是足跟的劲通过小腹向上传递到肩、膀、手等部位，"消息全凭后腿蹬"的产生犁杆之力，腿蹬出如同虎借山势的劲。反之，身体上下束而为一，抖身而起如同弹簧的伸展能量（图190）。

图190

斜山势套路练法：起势，身体左脚在前，脚跟着地，脚尖微微翘起，左掌贴于右拳，侧身站立，以静视动。左脚向左前方45° 角上一大步，右腿起胯，右脚跟随左脚前行（图191、图192）。

图191

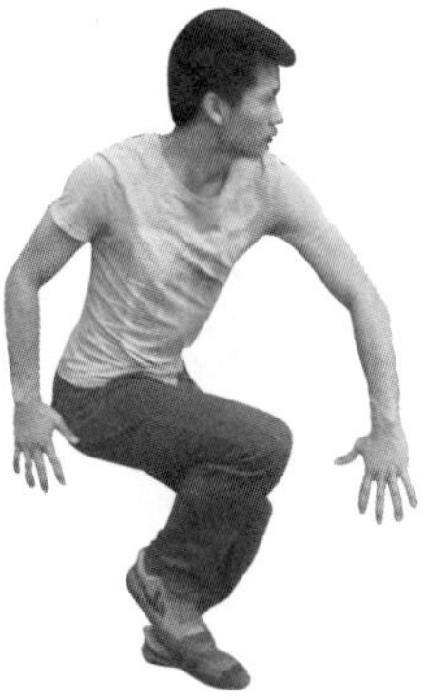

图192

右腿落半步，随后身体下蹲，同时左手前伸、右手后拉，两手前后展开。左脚尖向右前方45° 角点一小步，右脚向右前方蹬出一大步，左腿起胯、左脚跟随右脚前行，随后身体下蹲，同时右手前伸、左手后拉，前后展开两手。右脚尖向左点一小步，左脚向左前方蹬出一大步，右脚跟随半步，身体下蹲。由此，左右随时变换进行绕大弯的训练，象形于雄鸡围绕母鸡转圈。

拳理解析：斜山势的身形结构可随机改变实战的空间和方位，拳式闪转腾挪，身体忽左忽右的闪转，达到拳法“抢角占上风”。斜山势的训练要模仿雄鸡围绕母鸡转圈，闪转时起后腿象形于雄鸡抱到母鸡。动作巧妙在或左、或右向前方45° 角抢步，拳势的势能和动能在斜身和腿功上以身体的螺旋产生速度的平方。

第三节 学数学，用好拳术的参数和执值

宇宙空间的时空转换、天地运行，地球上的气候与环境变化、生物圈的万物生灭，都归结于定数。学数学，用好拳法的数值，掌握拳术攻防事物发展与变化的客观现实性。拳术最为重要的参数和执值是时间、空间、质量，简称宇宙的三要素。空间和时间是指事物之间的一种次序，拳法进攻的质量进入对手的形影或位形（空间），必须把握一闪而过的时间，拳法就有效达到作用点。这种拳术对抗之间的顺序是没有质量就没有空间，没有空间就没有时间。由此可见，拳师心中有因时用势的数是拳术对抗中取胜的关键。心指导四肢百骸各行其是是有数据的，在攻防上心、身做到高度的对立统一，用自身的物质能量去抢胜的时间、空间，要求拳术能量的大小、方向、作用点这三个要素的数据和合。一用即灵才是绝招，绝招错失时机则成废招。

拳法的参数和执值源于学习与实践，古心意六合拳《谱论》指出："与人相战需明三前。"（1）眼前，用拳机关在眼，变通在心，心与眼合多一明。用拳要观察对手的老嫩，随对手由远到近，四肢百骸各就各位，准备一切的手段。"眼有紧察之精"是指眼如同军事的雷达，随时为拳法抢占先机提供参数和执值，过后见识不如无。眼光好，能事半功倍的用拳。（2）手前，要"肘不离肋，手不离腮"备战，运用前肩膀瞄准对手身体左、中、右三路，是"猛然见了三条进攻之路"。拳势定于对手的咽喉是第四条进攻之路，咽喉是进入对手指挥部（头脑）的要道，瞄准对手咽喉用拳，

对手常常会在惊慌失措中失去重心。（3）脚前，踝关节领脚尖瞄准对手形体，瞄准对手形态的动向、角度，两腿见机行事移动身体质量，保证拳法机动的吞、吐、浮、沉，要求腿“未起便占字，未落使坠字”，用起落与收纵抢占对手的重心。

下面介绍几个最重要的参数和执值。

一、拳术实战的第一执值是宇宙定律，一瞬而过的时间涵盖了一切有形与无形的运动，任何事物都是时间与空间的填充内容，只有时间能够证明人与各种事物的客观存在。时间是一去不复返的，在拳术实战的攻与防上，如果耽误了瞬时性的时空点，用拳的目的和作用都不复存在。古心意六合拳以“勇、猛、短、毒、疾、狠、快、利”抢时间与速度；以“梢节起、中节随、根节追”提高拳术的速度，用拳时手法快是局部质量的快，脚快常快人半步。身法快是以整体质量为进攻之辕，这种脚手齐到的快是手快或脚快的速度平方，常快到不给对手应对的时间。拳术对抗的每一动都要消耗时间，用拳抢到时间与空间就占了上风。古心意六合拳以三性调养方法的成果，获得拳法预警的时间：见性在瞬间收集视觉可见的情报，计算拳势；灵性在瞬间感知周围的一动一静，预测趋势；勇性激发身体扑捉机遇，实践恰逢其时、恰当其位的拳法，避免无攻的、盲动的、浪费时间的行为。

二、拳术实战的第二执值是重心，重心是一切拳法的依靠，每个人失去重心就失去攻防能力。心意六合拳《谱论》要求“君子学拳护重心”，重心是拳术力量的源泉、行动的基础，拳术实战中不失重心才有行动的自由。许多对手具有抗打击能力，但任何对手的重心及重力线都是薄弱的，咽喉是重力线上最薄弱的点，“是势定于咽喉”或以身体的螺旋缠绕对手的重力线，以调膀的惯性力摧毁对手的重心都是拳法的上策，对手一旦失去重力就失去攻防的战斗能力。

三、拳术实战的第三执值是重力与惯性力，拳术只有重力与惯性力是有重量的力。因此，在拳术的攻与防上“胯打几处人不明，好似猛虎出木笼”，但许多拳师不明重力与惯性力的运用，不懂胯承上启下带动人的整体质量就是重力与惯性力的运用，不知重力与惯性力是破坏对手的重心、力量，目的是获得最大拳劲，反而训练或寻找局部力量。其实调胯移动重力线是重力的运用，例如，前胯向前倾斜压向前脚跟，对手就踢不动、勾不松、搬不起前腿。而前胯没压向前脚跟，前腿就容易被对手踢动、勾松或被搬起来。下面介绍重力与惯性力的体用：

（1）两膀如同双头枪的枪尖，随时瞄准对手的身形。身体螺旋的调换前后膀，是用人整体质量（重力）产生拳术的能量，如同枪法的拦、拿、扎，枪杆的拦与拿既有防守的职能，又要保证枪尖扎到作用点。此时的胯与脚步就如同充满弹性的枪杆，保证身体的下束能储蓄从脚底经腰胯上传的枪劲；由身体的上长促使两膀尖都如同锋利的枪尖，后脚蹬保证两膀如同双头枪的枪尖准确扎向作用点。

（2）两胯承上启下带动人整体重量，将身体质量（重力）变为拳术能量。重力与惯性力离不开身、法、步恰在其时的组合，形成破坏对手重心的势能。起胯向前产生正胯打，向后产生后胯打，向左右用内外胯打。胯打是自身重量瞄准对手的重力线，胯带动踩腿、跪膝，都是以身体质量产生的重力与惯性力破坏对手的重心。进攻时前胯不到位是对自身重力与惯性力的浪费。

（3）两腿移动身躯是投送拳术的兵力，以步抢占对手重心。

这种抢位要观察对手的强弱，因势而变的抢角度，用正、反的角速度破坏对手的攻防目的。正面抢位是“脚踩中门夺他位”；侧面抢位是以步闪转腾挪，反身抢位。抢位时，步要越过对手重心，“脚去不在空里落”是指腿的蹬劲落在对手重力线上，用自己的重力破坏对手的重心。

四、拳术实战的第四执值是曲断中节的阻断对手的攻防行为。曲断中节是以强于对手拳劲数倍的力垂直折冲对手的中节关节，是以大质量堵塞对手拳法的路径，使对手进攻的身形及拳脚弯曲变形而失去攻防能力。中节指人的腰、胯、膝、肘、小腹，是可承上启下的部位，曲断中节是消除对手中节承上启下的功能与战力。

五、拳术实战的第五执值是暗藏和埋伏，心意六合拳要求“拳打不见形，见形不为能”，是暗藏不露其机与不见其迹的拳法。其“后手催前手，前膀领着走”的后手就暗藏在前肘旁，前膀领着埋伏的后肘打击对手胸膛。心意六合拳要求“两手只在洞门藏”，埋伏了“起手如同虎扑羊”。而“两肘不离肋”，是暗藏的两肘向心口窝内收，突然由两腋窝外展起肘，肘和脚步齐到打对手心窝，此肘即是不见形的肘打。

六、拳术实战的第六执值是三回九转用拳。“三回”指以心意获取眼前、脚前、手前三条回路情报，测算拳法应战所需的时间、空间、距离，指令行为；“九转”是拳法有最大的变数，转是以龙腰为中枢带动四肢百骸联动，保证身体变通攻、防所需，及三节九体恰到好处的攻防距离、角度。攻，拳劲不偏不倚地摧毁对手的重心，这种精确打击需要三尖相照为拳法制导，使拳法的后续行为能有的放矢；防，灵活自如的退守，让对手鞭长莫及。三回的参数：

眼要不时常回转，耳要不时常报应，心要不时警觉。促使精灵之意和心意相连，保证拳势进取随时以“浑身齐到无拦挡”的动势抢占对手的重心。“九转”的参数依靠踝关节对目标进行跟踪和制导，依靠脊柱的四个生理弯曲做微调，才能够把攻防的实际尺寸精确到如同量体裁衣。以脊柱联动人的整个质量参与将与兵合为一气的拳法，使实战行为的起落、进退、反侧、收纵、束张既有大质量产生大能量的进攻威力，又有身、法、步的互动，两胯承上启下使整个身体如同全民皆兵，并且以步使攻防行为准确到位。例如，拳法由脊椎带动多关节联动，身体左转形成身躯左势消，右势打，右手出势，左手回势。身体右转形成身躯右势消，左势打，左手出势，右手回势。由此拳法既能左右转动不停势，产生质能互变的拳劲，又灵活准确的产生“肩打一阴反一阳”的拳劲。

七、用拳时四肢百骸各有各的阵位。在防守上，手与足形成防守的第一道门；肘与膝形成防守的第二道门；肩与胯形成防守的第三道门。上肢主要承担腰部以上的防守，下肢承担腰部以下的防守。在进攻上，近距离以膝、胯和肩、肘进攻，起手与咽喉同高度；落手随身体下蹲到可拿对手的脚；叠身时由身体正、反旋转的物理量产生进攻的角速度。脚抢占对手中门要超过对手重心30～60厘米的距离；肩打和胯打时步超过对手重心20厘米的距离；肘打时膝超过对手重心30厘米的距离。进攻与防守，心身和合实践量体裁衣一样的准确无误。否则，实战行为的精度差之毫厘，实战的效果会谬之千里。

心意六合拳举手投足的攻防参数都有称定，这杆秤是秤量拳术本领的知识：先将人的身体分为三节、九体，要求三节九体的拳术行为首尾相连，梢节打可根节顾，即手打肩已到；中节打可两头顾，既肘顶对手的心窝，肩手两头都可追击。这样的拳法才能左右逢源地产生巧妙。用这杆秤，称进攻与防守的能量，将四肢百骸的实战威力分出主次：以丹田为核心发挥身躯的矢量，丹田为臂和腿传递动量和冲量。以腿的加速度，变通拳术上下、左右、前后的位移；臂和腿与身躯在同一时间内，以不共面的三个向量找共同的作用点。

距离上的参数：陌生人在和平的条件下，2.5～3米是社交的安全距离。人一旦遇到有对手攻击的可能，实战时彼此的距离是两步的行程，与对手的距离在2.5米以外就要察对手来势，揣对手技术的短长；与对手的距离在2米就要有步伐的去向，如果对手是冲过来的就应该立即提膝举肘，由膝承担腰以下的攻防，由肩、肘、手承担腰以上的攻防，而且落前脚同时后脚向前垫步，仍上前脚；对手的距离在1米以内时，以膝和胯直入对手的重心，护上用冲天炮，护下用握地炮，护左右用身体螺旋的括边炮；与对手叠身时自身像水一样挤靠对手的身形，用暗长的肘打，再调膀打出对手必跌的角速度。

八、古心意六合拳重要的参数是用拳如同用枪，拳法“是势定于咽喉”是指手的拳术物质与能量，瞄准对手的咽喉及咽喉竖直向下的人体中线，即人体的重力线，这是最准确的进攻，因此该拳的练与用要求鼻尖、膀尖、脚尖照在一线上，由前膀领着走，两膀如同双枪尖，用拳由三尖相照使攻防行为有的放矢，手段到才发劲。我们知道力有三要素，用拳把握劲的大小、方向、作用点，作用点在对手身体的中线上，再锐利的枪尖达不到作用点，也是枉费心机。

第四节　练胆力，用好拳术攻防的意境

胆力指胆量和魄力。魄力是个人处理和对待问题时忽略不重要细节，自身能对整体的影响而迅速做出正确的行为决定。胆力是雄才的素质，是实践的勇气。建议以棍术对练，练人的胆力。棍术对练中，棍劈打的力量往往使初练的人闭眼，棍擦出的威力容易使人胆寒。通过棍的对练，增强拳术对练的勇猛和胆力。

拳术攻防的意境是由二维平面走向三维空间，在三维立体空间把握攻防阵势的情势，在拳法的时空连续性上，恰当地在位置和距离上抢占进攻线路，心意果断，决胜料势，决战料情，决断不疑。

棍术双人对练方法，训练胆力。图中穿黑衣者为甲方，对手为乙方。甲方上右步用棍的梢端击打乙方头部，乙方转身以棍的梢端防守。此时冷静的应对就是转动身体，并以身运棍使棍有两手和身体这三个支点，使棍势有后把位的支持（图193）。

图193

甲方上左步用棍的根端击打乙方头部，乙方回身以棍的梢端防守（图194）。甲方上右步用棍的梢端击打乙方左脚，乙方回身退步以棍的根端防守（图195～图198）。守变为攻，进攻方法与甲方的进攻方法相同，甲方由攻变守，反复训练棍术的攻防，获得勇猛和胆力。

图194

图195

图196

图197

图198

由棍理分析拳理指出的胆量：该棍对练如同枪势对练，面对棍或枪的碰撞，锻炼不怕危险困难的精神，由初期对练出现的胆怯到敢作敢为、无所畏惧。常人普遍都缺乏一般的胆量，作者1973年开始学练棍术对练，当初老师棍劈打的力量使作者胆寒，经过训练逐渐能够不慌张的应对，体会到棍术对练能增强拳术的勇猛和胆力。

挂神训练胆力方法：拳术练到一定程度后，在深夜无人时，找一棵或几棵树，假想是一个或几个强悍的敌人，假想对手的武艺稍高于自己，“不惧艺高者”的与假设敌演练实战，挂神中逐渐战胜比自己强大的对手，由此触类旁通、举一反三地增长拳法的意境。挂神如同实战，初学拳者不宜进行挂神训练。

拳术的意境是内心觉悟到了一种进攻与防守的图景，属于武艺范畴。意境是拳术的智能、体能和技能在练武者内心的实践经验，再由内心的经验转变到身体的实践。拳术的意境是由内心的觉悟产生，如同现代战争的预警系统随时察觉攻防的利弊，及时组织进攻和防守的力量，体现在合理的变通进攻和防守的行为。练拳的人拳术训练到一定程度，内心逐渐觉悟到如同身临其境的攻防方法，甚至猛然间从深度和广度上顿悟到一些高明的技击手段。意境的奥妙是对进攻和防守的变通有预见，通过预定目的摸索真实的技击手段。

意境以实战的想象体验勇、猛、短、毒、疾、狠、快、利的拳术能力。内心明白的道理越多，意境可映射的内容越丰富，可以相对节省时间和精力的练出高质量的拳术本领。

列举一些意境：（1）“拳如炮”是摧毁的意境；（2）“恨天无把”是由上而下的塌天意境；（3）“恨地无环”是由下而上的冲天意境；（4）“遇敌人好似火烧身”是惊警的意境；（5）“雷声”是先声夺人的意境。拳术的意境是凭借用拳的知识、经验、谋略和眼光预见对手的进攻方法，采取合理的御敌手段。拳术的意境增长要求思想有建树，用精神世界的兴奋点激发心意的潜力，由内心寻找拳术实战的变通规律，理性与感性融合，产生心意无处不到的拳术实战决断力。例如，变通拳术技击行为是心为元帅，身躯和四肢为五营，内心极为灵敏，步法才能够捷如腾兔，手法才能够目不及瞬的快。

拳术实战的意境是因对手而变，一切皆有可能。心意六合拳《谱论》要求用拳时“心与眼合多一明，心与耳合多一灵，心与气合多一力，心与意合多一精，一事精百事通”，用拳时要求心、身浑然一体，以不变迎万变，心达不到拳法变通的认识深度，意境得不到提升。提升拳术意境如同儿童玩剪刀、石头、布的猜拳游戏，剪刀、石头、布各有所长，使用正确就赢，用错了就输。

心意六合拳以意境与意象传递拳术的技击理念，象形取意的喻体以十种动物为主并涉及万事万物，例如，如虎之根、如龙之惊等。以下举十个假借动物灵性的例子，探索意境与意象隐喻：

例一，龙有搜骨之法，是意象隐喻人的骨关节灵活有力，意境是拳法练出像龙腾那样有旋转的能力。心意拳将人体隐喻为龙，以龙骨带动身躯是人体最大的整体劲。龙一旦被触怒，可翻天覆地。

例二，虎有扑战之勇，是意象隐喻拳在进攻上象形于老虎，摇闪把就是隐喻虎有扑战之勇的训练，意境由虎扑变化出单虎抱头和虎之三绝：一，收纵以扑；二，转侧以掀；三，调尾如鞭。按谱论以“收如伏猫，纵如猛虎”，一收一纵，避实就虚产生灵劲。

例三，猴有纵身之灵，是意象隐喻拳的纵跳类动作，意境如同猴子可前纵一丈，后纵八尺。纵身的猴，两腿有逾越赶超的劲力。

例四，熊有战斗之情，是意象隐喻拳的防守能力，意境如同熊看洞。意境还有熊膀的攻防转变及熊的顾打结合。

例五，鹰有捉拿之精，是意象隐喻拳术的拿法，意境如同鹰爪捉拿猎物。用鹰爪捉拿对手的手臂、颈部、头发等一切可抓之处，起手如钢锉，回手如钢钩，捉拿产生惊劲。惊劲可打乱对手的意识，惊劲的威力来源于正反方向的重复发劲。

例六，蛇有拨草之巧，是意象隐喻拳术的身法及手法如同蛇有拨草之能，意境是蛇善于藏身潜劲，蛇可趁隙空游身拨草而进取。蛇在伸缩曲直中有缠绕之能，蛇的脊柱节节连通出整体劲，拳术练蛇拨草应着重于贴身挤靠发横劲。

例七，马有奔腾之功，是意象隐喻拳术的腿法有马儿的奔腾咆哮之势，意境是脚步的钻劲要过人，不是两拳出击像马蹄。

例八，猫有捕捉之妙，是意象隐喻拳的上法，意境是像猫捕捉老鼠能力。身体“收如伏猫”指步法回撤转换虚实，脊骨以轻柔的收身化解对方势力。两手回拉即返扑对手是借力，退步中连续裹肘，护头保肋。由“收如伏猫”到“纵如猛虎”，是最大质量产生最大能量的进攻。

例九，燕有取水之能，是意象隐喻拳术的长法如同燕子抄水，意境是拳法的起落、进退、反侧、收纵等轻灵巧妙，突出穿与抄下腭。

例十，鹞有侧翅之力，是意象隐喻拳术展法如同鹞的翅膀，意境是身体转翻有鹞的束翅之巧。其劲意充分利用身体的惯性击敌。

拳术意境，要增加当代军事实战演练的新观念。军事活动上以航空母舰形成战斗群，拳术上的龙身可比喻为航空母舰。龙身指拳术身法敏捷，脊柱是身体重心的中轴，脊柱的一枝动，可带动人体几乎每个关节及关节端面功能。拳术左右闪落、拧腰搁横、侧身送胯等都是由龙身带动的；军事上有攻击武器坦克，拳术上的腿法可比喻为坦克，膝关节的攻防威力、脚的前踩起绊马索的作用，“腿快人半步”的抢占对手重心；军事上有空对地的轰炸机，拳术上的鹰捉可隐喻为轰炸机；军事上有制导的导弹，拳术上的“后手推前手，前膀领着走”就是前膀制导；拳术上的三尖对齐，脚尖对准了目标肩膀就能够命中目标；军事上有反导系统，拳术上的虎抱头如同反导系统；军事上惯用先声夺人的方法，拳术上以雷声先声夺人。

第五节　日常不时修炼心意的方法

日常不时地用心留意修炼心意，不时地专心注入多学科的拳术知识，不时地观察准确实施拳法的数据，修炼心与身有序、有规律的收集拳术攻防数据等信息，战时就不会错失战机。

介绍日常的一些修炼心意的方法：（1）日常以站姿修炼“心与眼合多一明”，身体直立，使眼睛获得即时巡视四周的高度，视野不时循环，收集用拳的情报，如同军事的预警雷达。（2）日常以坐姿修炼“心与耳合多一灵”，坐姿，两臂屈曲放松，两腿分前后，保持45°角，后腿单重，可随时起身动胯，耳不时感应脊背后面的动静给心意，心意暗藏，若遇来犯，随时可起身拦截。（3）日常以行姿修炼心意的勇性，要求开步如虎之行，行走时内隐，左臂和左腿为先锋、右侧的为元帅，随时能以灵敏的脚步应对拳术攻防事态。（4）重视梦到的拳术意境，睡眠时可能会梦到一些身临其境的拳术对抗，梦中逼真的攻防常是心意在觉醒时觉悟不到的东西，醒来抽时间去模拟检验。（5）说拳是修炼心意的必修课，老师及同门师兄弟相互说自己用拳的经验，如同兵力推演。比划拳法与时间及空间的关系，增长客观的攻防智慧，避免主观客偏见。

《孙子兵法》中说："故善战者，求之于势，不责于人，故能择人而任势。任势者，其战人也，如转木石。木石之性，安则静，危则动，方则止，圆则行。故善战人之势，如转圆石于千仞之山者，势也。"古心意六合拳借势造势进行攻、防，重视"墨守"般围绕顾法练拳术实战本领。打击对手，谁都会打；而顾到自己，不被对手伤害就是一件难事。顾法如同当今的导弹防御系统，是打赢实战的保障。否则，对手布势到位的攻击，盲目的防守如同鸡蛋碰石头，不堪对手一击。

中国传统拳种几乎都重视练打法，只有古心意六合拳是重视练"顾身家性命"的顾法，围绕"顾身家性命"修炼"浑身有顾法"，拳法如同当代军事装备的反导系统，反导需要精确的数据，比用导弹攻击难度还要大。由心意指导"浑身是法"的顾，与人相战时"眼有紧察之精"，看清楚眼前的利与痹，目测对手的远近，观察对手拳艺的老嫩，用拳因对手而变，一切皆有可能，因此实战的正确判断和合理变通是关键。顾法以整个身体的质量为拳术的物质，将身体分为三节九体的肢段，各肢段联动组成拳术的能量；拳术实战是四肢百骸实现内心的意图，但实战中人往往心有余而力不足。用拳必须有用拳的物质与能量，实战前要进行体能上的严格训练，使四肢百骸有恒久之功。实战中见机，身体有能力以速度的平方抢位；实战中遇险，身躯有能力闪展腾挪，化险为夷；按照心意六合拳的《谱论》用拳，是"踩要绝，扑要绝，裹要绝，束要绝，决要绝，一绝而无不绝也，非绝而不灵。""绝"在攻防行为忽然一动就恰到好处，在进攻与防守可精确到如同量体裁衣的准确，能借重力势能用拳，能借螺旋规律用拳，能够随机应变用好拳法。

低级的拳术对抗是勇者胜，高级的拳术对抗是智者胜。拳术对抗如同围棋的对局，棋局是双方抢占要点，布置阵势，准备进入中盘战斗，这一阶段叫“布局”。而拳术的布局是内心随机感知对抗局势发展动向，心意根据拳术实战中的情势，为自身施展拳法做最实际的决断。心意将人体大小关节比喻为不同的将与兵，将可旋转关节统管的质量比喻为兵力，腕关节统管的质量比喻为排的兵力；肘关节统管的质量比喻为连的兵力；肩关节统管的质量比喻为营的兵力；膝关节统管的质量比喻为团的兵力；两胯承上启下，胯关节统管的质量比喻为师的兵力；脊柱比喻为军团的兵力，拳技的核心是脊柱关节整合拳法的协同，脊柱调节攻防的可靠度、准确度，脊柱调动两肩瞄准对手的形影。拳法上由大关节带动小关节联动，关节带动的质量越大，拳术的战斗力就越大。用拳“将与兵，合为一气”，军事上以阵法与阵势取胜，拳术的阵法与阵势要求以心意把握拳术实战的空间、重心、距离、方位、角度、速度、时间等数据，指导身体闪转腾挪发挥自身的重力之“势”。用拳有埋伏，出其不意，攻其不备，这些都靠心意随时调动四肢百骸的物质与能量，自由组合出最有效的拳术攻防。总之，内心无形的智慧与能量是拳术攻防的战略支柱，战略上心意无处不到；战术上以身体运动的回转，营造质能互变的重力势能，借四肢百骸的攻防能力组合战术，战术上营造阵势如同军事上抢占制高点，拳法以身体质量的位置变化获得最大的势能。

日常不时地修炼心意，促使人的四肢百骸坚持不懈做好为拳术服务的事，心意领先于形体整合多关节运动产生的拳术攻防能力，内心掌握拳术实战的攻防数据，将攻防的经验和方法形成本能。

要想在拳术实战中打出灵活多变的技术，客观事实的认识比拳法重要，判断力比拳术技巧高明。

修炼内心的意志力非常关键，意志是指决定达到某种目的而产生的心理状态，意志力则是人驱动身体行为的能量，人的躯体在内心的意志力驱动下为内心服务。通过意志力的训练让心意的能力逐渐强大，是多学科文化在练武者身上的体现，练人的意志而获得精神能量的储存，意志力能够在拳术训练与拳术实战中发挥出特别重要的功效。意志的本质是人对于自身行为关系的主观反映，它构成人的主观意识的第三种基本形式。就拳术意志而言，指人脑对于自身拳术行为的价值率高差的主观反映，意志可引导练拳的受益率，意志按照内心的拳术数据及理论来评价和修正自身的拳术行为活动，属拳术攻防的主题实施训练。

修炼古心意六合拳的心意就必须铸就意志力，克服心里的压力及不良的思想状态，控制不良的情绪与行为，调节练拳的心境。

介绍古心意六合拳的意志力与预警感知训练的三性调养法。

一、见性调养法，即视觉训练，实战需明眼前的趋势，眼睛侦察对手的意图与行为，由心意凭借数据指挥身体的四肢百骸进行应对，要求心意必须在零点几秒以内做出正确的判断，身体的拳术行为不断完成心意的指令。平时训练的功课是有不同预案的，训练科目上重视每一个具体的行为细节，多考虑瞬间出现行为失利的各种补救措施，由多种规避风险的方式方法而逐渐摸索出全新并成熟的攻防经验。

二、灵性调养法，即听觉训练，“耳为灵性，耳不时报应，则精灵之意在我，庶不致为人所算”，训练中如脊背后物一动一静必入于耳，由耳将听闻到的信息传递给心与脑分析。激活人的内庭觉，掌握自身周围的一动、一静，似后脑上也有眼睛在观察，做到有触必应。掌握和应变突然事态及多变事态。修炼耳朵感觉自己周围的声音和振动的位置，以耳内的内庭感觉为武术行动把握方向和平衡。

三、勇性调养法，“心为勇性，心不时警觉，心一动而气近之，气一动而力伏之。三性相通心才能时擎起”，例如，眼见地下一只害虫，心一动产生勇性，害虫已被踩在足下，如此见一只踩一只；也可比为猫抓老鼠，见一只捕一只，使猎物不能逃走。

以上三性，要用内心的思想去琢磨，完善本能的触觉能力，还包括使自己随时掌握武术实战运动空间的方向、实战对抗的质量。掌握武术实战的主动灵活性。

日常不时的修炼心意感知，要进行广泛的触觉与低级神经的记忆训练。人有视觉、听觉、嗅觉、本体觉、皮肤毛发的触觉、内耳里的内庭觉、肌肉和关节的触觉等，“十指(趾)连心”是神经传递感知的信息给心。日常修炼心意以信息方法与信息反馈，感知练拳与用拳的态势，神经系统参与储蓄心意战略力量。心意以无形的智慧与能量指导身体正确的伸缩，指导拳法的用力角度、出力大小等数据的正确，协调眼、手、身、法、步，四肢百骸各负其责的施展拳法。

例如，假设多种场合遇到突如其来的袭击，是考练心意与身体“和合”的拳术本领的科目。日常不时的用心意感觉上下、前后、左右这三个维度，任何一个维度遇到危险，只有存心在先，行动方可正确。

日常不时地修炼心意要练手的抓、摇、打、抛、钩；要练脚步的进退、起落、前踩、后跳；要练身体的排打、冲撞、反侧；要练人体三节起、随、追的力量和速度；由心意感知经验，将经验形成本能。人的思维敏捷、意志力、胆识、谋略、自信等，都要在日常不时的修炼，由此增强内心指挥管辖行为的能量与能力。每个人心意的能量与能力，关系到提高文化素养及思想道德的修养，强化自己征服自己的意识，自觉控制情绪与改正错误，心意善于激励自己勇敢地去执行正确的决定。

第六节　用心摸索拳术打、拿、摔的经验

古心意六合拳的练与用是两回事：练拳是“为生理，生理里边都要成”的修炼人的整个生命能量与能力，重点是由大到小练骨关节的运动功能，通过伸筋拔骨拉长肢体骨肌、筋腱的极限，由大关节带动小关节联动产生拳术。训练拳术如同生产军事装备，生产好的拳术装备要经过脱胎换骨般的艰苦磨练；用拳是发挥心意与身体的能量与能力“和合”而成的拳法，好拳法如同用好军事装备。

用心摸索拳术打、拿、摔的经验，是检验自己的拳术综合能力。

一、心意感知拳术实战的态势，对用拳的时间、空间、距离、方位进行计算，算出攻防准确到位的数据，指导身体闪转腾挪运送拳术战力，用拳“而能出入动静之法，而有神仙不测之妙”是随机创造非对称的拳术对抗质量上的优势，拳法即时合理的因对手而变，善于用“后手推前手，前膀领着走”的拳法进行积极、主动的攻防，调膀是运用肩关节产生强大的拳势，调膀与调胯创造奇正相生的取胜机遇。

二、内心察觉对手的拳术行为意图，用身体质量实践“夫兵形像水”去抢占对手的重力线，破坏对手的重心就是拳术抢占先机的先发制人。例如“去意好似卷地风”的拳法，不少人只掌握了卷地风是踢人的腿法；如果整个身体质量如同卷地风，腿法不是踢人，而是上步实践“夫兵形像水”的冲毁对手的重心，将对手的整个身体卷个翻天覆地，这才是龙卷风（卷地风）。

三、摸索用拳将人体进行拳术实战的分工，心为元帅，心中有实战动静之法的数据；臂、腿为五营，身体在实战时又有君与臣、将与兵的战时分工；脊柱是君，主人身的行为灵活自如；肩和胯是出战的先锋，肘与膝、手与脚是全身“和气归一合顺”的实战兵力，如同越女论剑中的《手打歌》：“内实精神，外示安逸；见势必强夺，夺之如猛虎”，“布形，侯气与神俱往，捷如腾兔，纵横往来，迢形随影，目不及瞬。”心手相应，不失机遇。当自己处于势弱，迅速闪转腾挪身体，以双手之法去接对手的单手之招，或以身体拧转的角速度破坏对手的进攻。当自己处于势强，立即封闭对手的中节、根节，限制对手出招。

介绍几种传递拳术实战技术的理念：（1）“脚手齐到且为真”，指拳法运动是大质量移动，攻防的能量就大。（2）“能要不是、莫要停”，指拳术实战中瞄准对手的形影进攻，有歪打正着的效果。（3）“起无形、落无踪，去意好似刮地风”，指整个身体的质量移动迅速，手脚随身紧趋，像风一样掀翻对手。（4）“硬打硬进无遮拦”，指实战中是你打你的打法，我打我的打法。你出拳脚进攻时，我用“兵来将挡”的大质量阻挡你局部质量进攻，或我调动整个身体的质量有触必应，对你进行夺位控手。（5）“三回九转是一势”，指拳术自然而然的得势。例如，一个从来没有练过拳术的人，面临打斗时，是无可思索的参与应战，只要出手自然，心手相应，就有取胜的可能；而不少练过拳的人，由于求胜心切，思虑迟疑于平时练的拳术招式，心与手脚都不自然的应战，就没有取胜的可能。（6）“智无不周、勇无不备”，指心意有无形的智慧与能量，身体就有全方位的变通能力。用拳由心意把握实战距离、空间和方位，见势指导四肢百骸夺对手的重心。拳法合阴阳之“道”就能去、能就、能弱、能强、能进、能退、能柔、能刚，在实战的瞬间观对手的变化而变。若遇彼强、我弱，要存心有路可走。

拳术实战不单是打法，拿法与摔法都有拳术技击的门道，都需要运用内心的智慧，具备把握取胜机遇的眼光，需要战略和战术。

打法的战略和战术：打法的战术用好了很简单。战略说起来很复杂，平时训练的心理因素和胆识以及经验很重要，站在军事的角度分析拳术，就像两军交战先要消灭对方最强的火力，尽量减少己方实战的损失。实战中专打实处，不打虚处，将对方进攻的行为进行有效的封闭，好比对方导弹发出，我方导弹拦截，拦截的导弹有两个弹头，一个拦截，另一个把对手实处打成虚处。正面进攻，脚手齐到，进入对手的中门，上肢打出的力量在对方的身后或脊柱，为不让对方躲避，自己的意识超过行为的力量。这样动之丈外不为远，即使前脚抢位有失，仍上后腿进前脚，两腿自然的交换，以钻步失而获得。

拿法的战略和战术：拿法的战术主要是意识领先于形体，计谋精于奇正相生的变化。交手时察颜观色，只要对手微动，我先以“身动为先”的脚手齐到，意象机动灵活的使用拿法。将对手的关节向可运动的方向反着拿，造成反关节锁，使对手全身瘫痪。擒拿是智能加技巧，在擒拿或被擒拿的关键时刻，眼光、经验、毅力、谋略等要素很重要，练拿法不单是技巧，而是动作的力量和速度的结合，训练时对人的思想和精神状态有很高的要求，练每一式动作时，要领悟依靠矛盾的规律有顺序地变通身、法、步的顺力或逆行，意识灵活地把握变通能力，随时巧妙地拿对手身体的簿弱环节。心意六合拳的鹰捉，是精确到万无一失的捉拿，捉拿有挫、分、点、拿、叼、缠、钩、挂八种技法。

擒拿法，要懂得人体运动关节的生理解剖，合理运用运动力学等知识，掌握用多关节的合力缠拿对方的关节。如果被对方擒拿，立即顺着对方的力量分劲。例如，肘被对方擒住，急用胯和膝分解，慢了没有机会解开。钩、挂是用作用力与作用时间成正比的合成力量，快速顺势地钩、挂对手的薄弱部位，是最实用的擒拿法。例如，挂对手的咽喉，如同点到手的大穴位。心意六合拳的擒拿法以"起如抽、落如钩"为主，其次是缠绕等擒拿手段。

摔法的战略和战术：摔法的战术主要是以身法为进攻之辕，用自身整体质量的螺旋缠绕对手的脊柱（重力线），破坏对手的重心，摔倒对手。人的脊柱螺旋运动是拳术能量储存及释放的运动模式，从流体力学角度来看，人的形体螺旋有横向切线力、横向离心力、纵向离心力，这三力形成摔法的劲。从人体力学角度看脊柱螺旋运动，身体的左右结构相互平衡并互为支撑，脊柱螺旋运动使浑身的力量集"中"到一点，这是大质量产生大能量。摔法的转脊形成身体质量的角速度，躯干的角速度是摔法的纵横劲。纵横劲是力不出尖的圆弧（滑）劲，是由人体运动空间的圆周隐藏的四肢百骸互为支撑的劲，此劲是上、下及左、右都"拳打不见形"的裹横劲，是对手看不出的。摔法，抢占对手重力线的切面，劲向下得到重力的发挥，劲向上得到支持力的发挥，使水平方向得到既有垂直的升降，又有水平流动的横波，借势、借机摔出名堂。摔法上，学会趁对方的动作在发力落空的瞬间重心不稳，借对方身体出现失衡状态的趋势，顺着对方失衡的同侧方向用力将对方摔倒。然后运用自身质量掀对方的重心，贴身挤靠对方的支撑腿，运用物理力学的杠杆原理破坏对方下肢平衡，以步带动身体的角速度摔倒对方。摔法的劲如果沿同一直线运动，作用力与反作用力大小相等，方向相反的作用在彼此身上：（1）身体质量差于对手时，应该选择侧身的回转产生摔的角速度，侧身的移动身体同时以步带动身势和上肢抢位，从而借角速度的身势形成摔力。遇到强壮的对手时，切不可单凭手应对，而是用两手之法及“脚手齐到”获得拳术的物质与能量，顺势使时势扭转到有利自己。（2）身体质量强于对手时，直接以自身质量与加速度的乘积摔对手。质量与加速度的乘积：$m \times a=F$。（3）自身质量与对手身体质量相当时，善于用腿法的蹬劲为抢位的加速度破坏彼此的均势后，再摔对手。

古心意六合拳在矛盾对立统一中创拳，用心摸索拳术打、拿、摔的经验，在矛盾的对立统一中觉悟到用拳如同用兵：拳法如能快人半步，就保证了唯快不破的拳势；用拳的精灵之意是以踝关节积极主动为整体质量制导，以步为奇，如同军事上的兵力投送，以胯旋转带动身法，以步化解拳术实战中的矛盾；心意指导身形“捷如滕兔”，要做到“心与眼合多一明，心与耳合多一灵，心与气合多一力，心与意合多一精”，一事精百事通；拳术牢固的防御要学墨子防御理论，积极主动的以“首尾相连”的顾法，限制对手的进攻。别具匠心地组织身体的拳术物质与能量进行防守，主动灵活地改变身体在空间中的位置迁移是以位能产生拳势，拳法没有全身位移是最大的能量浪费。

第八章　大师拳照和拳谱

卢嵩高大师是武林豪杰。作者的恩师说："许多见识过卢嵩高大师技艺的拳术名人，无不称赞他实战本领高强，无不佩服他的技艺精湛。"为让后人从卢嵩高大师的拳照中吸取拳术营养，本章发布四张卢嵩高大师的拳照，供读者欣赏，并根据自己的拳术水平和感情讲解大师拳照：图199的功架是脊椎挺直、坐胯腰不向后弯，头顶生虎威，正如心意六合拳的谱论"不动如山岳，难知如阴阳，无穷如天地，充实如太仓，浩渺如四海，炫耀如电光"。拳照上卢嵩高大师的功架体现出拳术的六合、五行、阴阳、动静、进退、起落变化无穷。大师两手如勾的鹰捉，又有鹰抓上提式的挂；大师标准的"之"字形下蹲，腿法上含人体最大的起落能力，就是年轻人也难做到。图200为捧意，与第一张拳照互为收蹲、纵扑的拳势，

图199

图200

大师两手由下勾到上捧是阴阳变通的拳法，意为“把把如鹰捉，势势如虎扑”，两臂随时借任意方向的身劲用拳。图201是身体竖直式上冲，“势势不离虎扑”的两臂合劲在身体的中线上，此时肘的上提是双虎抱头，既保护了中门、颈部和头部，又可由顾而叠对手，随时打出心意六合拳的“盖世法”，或两手随身体往下拧拉，是上肢抱扭对手头、颈部的搏杀之能。图202是转身挑领的鹰形拳势，与第三张拳照互为身形的展开与收合。中平开合，前后梢分出一前一后的阴阳，鹰捉的劲达势至。大师的身形若左旋、右转、横向螺旋，都有龙身的身劲。观看卢嵩高大师80多岁的拳照，可见老人之威武、矫矫不群。大师的拳照有英勇之气、刚正之概，让人内心崇拜。

图201

图202

卢嵩高大师给后人留下宝贵的拳照和拳谱，鼓励后人进取。卢嵩高大师偏爱虎形拳势的三绝：一曰，收蹲纵扑；二曰，转侧拨掀；三曰，掉尾如鞭。拳势欲放先合是扑击之态，扑而未果、以左右明拨为掀，接转身掉尾如鞭，即是虎摆尾之拳式，三绝连环，出拳有虎威。大师传播拳术时常教导后人："不恃技寻斗，不恃技为歹，不眩技逞勇。"对学生有极高的道德和伦理要求。

本书公开古心意六合拳《谱论》，这本古《谱论》中没有其他流派心意拳中的鸡形，其他流派心意拳讲："打遍天下老鸡形。"而这本《谱论》中有鸡腿，鸡腿"足之为用，亦必如虎之行，无虎之行莫然后可也"，用拳"收如伏猫，纵如猛虎"为腿法的阴阳互补。

古心意六合拳《谱论》，借鉴了中华五千年文明形成的拳术修炼理论，是极具中国特色的拳术文献，拳理符合拳"道"。但是《谱论》不是背熟就能读懂的，必须要有身体力行的体验，做得到《谱论》的要求才算懂。《谱论》数百年秘传，而且传承是手抄形式、繁体字、无标点符号，很难读懂。作者研读《谱论》30多年，发现练到哪里。方能懂到哪里。作者根据个人体悟尝试诠释《谱论》，对其添加了标点符号，做了少量的文字整理，供后学者"以谱为鉴"的练拳。希望持有不同的心意六合拳谱者，不要妄加评价此古《谱论》！

心意六合拳谱

注：为便于读者研习，对此谱进行了繁简字转换，并有少许改动——编者。

拳理指录：拳有五门，枪有四教，而有万样传法不同，而能出入动静之法，而有神仙不测之妙。

熊在束，鹰在长。

勇、猛、短、毒、疾、狠、快、利。

头上一拳，膀上一拳，足为一拳，胯为一拳，而谓四拳。

四拳势论：出手横拳势难招，展开中平前后梢。转身挑领阴阳势，鹰捉四平足下抛。

与人相战须明三前——眼前、脚前、手前，踩定中门抢他位，如虎捕食。山西平阳府人，居住尊村，姓姬名宏，子龙凤老先生留下谱论，传于习武君子钻心玩味，以思其理。

《谱论》

夫武艺者，言其和也，而和之中智 、仁、 勇具焉，而近世之演武者，徒以钩打捉拿为凭，封闭闪法为据，与闹市之中逞以跳跃，名为艺士，然以不过悦人之耳目，图取人之钱财尔。其于智乌乎有，其于仁乌乎有，其于勇乌乎有；勿论古今英勇之气，刚正之概，威武矫矫不群者尽为所失，而与做作戏之辈大相同也。

而论此艺，则曰六合、五行、阴阳、动静、进退、起落，变化无穷是其志也，英勇过人是其勇也。苟入于其中，日就月将，如攀如跻之靡穷，则智无不备，勇无不生，得和平之理会和平之原。能去、能就、能弱、能强、能进、能退、能柔、能刚，不动如山岳，难知如阴阳，无穷如天地，充实如太仓，浩渺如四海，炫耀如电光，则尽乎其志，备乎其勇，全乎其和。以此而校技艺者，无不善矣。

武夫子若曰：鸡腿、龙腰、熊膀、鹰爪、虎抱头、雷声，以此作身法。此捶名曰七捶：揞、倢、踝、胯、挑、领、去，势势如虎扑，把把如鹰捉。曰：内实情精，外示安逸，见势如夺似猛虎。布形，候气与神俱往，捷如腾兔，纵横往来，迢形随影，目不及瞬。心与眼合多一明，心与耳合多一灵，心与气合多一力，心与意合多一精。一事精百事通，要得精，五行明。曰：打法须要上身，脚手齐到为真，拳如炮，龙侧身，遇敌好似火烧身；起无形，落无踪，去意好似刮地风。五行一发响雷声，拳去雷动风声响，山林不能阻隔。风吹浮云散，雨打尘灰清。墙倒容易顶，天塌最难擎。曰：打拳遍身之法，脚踏浑身是空；远去不发脚，发脚不打人，见空不打，见空不上，先打顾法后打空；先打那里顾法，浑身是法；具打那是本心，随机应变。手起莫要望空走，脚去莫在空里落；两边提防左右，强退者当后跟实，连紧追随，高打高随，低打低随，起为横，落为顺，为其方正。

武夫子若曰：但于人者，手摧抽不止，多出变化。三存者不上心里所悟，原来是本心、身不明四梢，上中下三节分明，四梢具齐，无不取胜。曰：脚打七分，手打三分。五行四稍要和全，气伏心意随使用，硬打硬进无遮拦；能要不是莫要停，蛰龙未起雷先动，风吹大树百枝摇。心要动，内要提，外要起，横、落要顺。踮身平进中间，手起是虎扑，脚起不落空，遇敌防奈战，放胆尽成功。曰：有反心必有反气，必有反力，其形未动，后有随反之心，面笑眉喜不动唇，提心防他必有意，会意之心能和气归一合顺，则天地之事无不可不揣矣。识见不可随时变，无事不头到。曰：拳打三节不见形，设若见形不为能；能要不是莫要停，能在一思前，莫在一思存；能在一气先，莫在一气后。曰：明了四梢多一精，明了五行多一气，明了三心多一力，三回九转是一势。起那五行，三心三意是一事，只怕人间多一精，一精知其万事精，万事要为终身用为定，一定好字里面多加真，无价之宝也。有钱将往何处买，要好还在四梢求，血梢发起不知凶，牙骨肉梢不知情，纔知灵山大光明。三心里有三义，义起火身之旁，要报恩义在人前，一切公义到世间。为生理，生理里边都要成，君子行其三，若好钢用在斧刃上，用了他，有了他有何故也。用了他，再打磨他快如风。断了他，永无祸生。成为人美之人，时时考练自己身心，一件通，件件通。务要起落、进退精，眼耳听中精，一气筋骨身未动，四梢里边无远近，明了四梢不知息，闭住动静永无凶。封闭难以进他旁，四梢即调领，眼前不可封闭，不可捉拿，催后手杆，莫用情百万不怕长短。三起不见进，原来是本心、身不明四梢，三起不见三进，可见也好，不可见也好，能见一身，莫见一心。能交与言，莫交与心。立志未动，能交与身，在中见他不锁门势，是势定于咽喉。天地交合云蔽日月。武艺相战闭住五行。好树成材在其主，巧言须要强出头，架梁闪闭不重有称定。拳打百余行幼女之事，丢去虎狼之威，凡事无理自己悔，保住身体现今福。

武夫子若曰：演武思悟之道，依吾者总无大害。见理而思定交勇，莫要思悟寸步难行。怕只怕大阵里边用孙武子木笼那样用法，依韩信排十面埋伏擒霸王无处逃走。周朝姜太公那样神机，领一千徒弟尽丧诏州。班花女凭刀法报子私仇，那一武不因失思悟者，有失思悟者有大才能。用此言语照四梢，四梢一定要依行，行到何，行到阵前。使武艺依住此论，不怕泰山势压顶，君子用意再思维，行到四梢要一精。好心之人常用孝顺之心，常存公道之心，不别三意，不时常用可能调治百病。四梢循环，血梢发脚心到天门，再无别疑真毫雄，牙骨肉稍仔细评，评出理来是一通。筋骨一气要和全，天地阴阳凭一气，气能皆通，万事皆通。气复，万物皆复，那有痕迹，那有阻隔，以和为始，以和为终。明天地，知吾人之心意还往四梢行；目中不时常论转，行坐不时常行心，耳中不时常报应，语中不时常调和，什么调和，万事吉凶。吾有栽树之心，种苗之意，奈人不能如松柏四时常青，牡丹花好开一时，不如松柏四时青，只用根深之实，若得人心，亦如是自可履严霜而不屈也。可爱者，忠孝两全。明礼义廉耻之人，学艺之事，无狂妄之气，骄傲之心，遇敌之日，思谋所学，可以动则动，可以止则止，凡皆得其中和矣。而今习武轻狂而燥率者，可鉴也。

夫武之术，非人与人争扫平之事也。虽然路途交合要存心，到晚住店要防备，一旦反事存在心，一时一刻不放松。逢桥须下马，过渡莫抢先，一人莫上船，船且缓行宁是岗，远走千里不走低凹。古路径，未黑先宿店，鸡鸣且看天。人量人来莫小量，可比韩信楚霸王。黑夜刮风莫行路，强走必有祸与凶，十人围住一人难，一人存心要在先。有人猜透这句话，万般祸患都消散，此数语良药也。曰：并无此心，忘思别意，见其何切，自思不到，万思无心，三思无意，不可以转，自思不到吾无礼。能见一身，莫见一心。贤者可也，不肖者不能。雪里泼墨自然黑，蜜调黄柏终是苦，自己欠悟理不通，每日迷来罔自神。树大名大多人望，望他清凉蔽日光，狂风损枝无人见，不胜滋长在山林。人比花开满树红，后来结果几个成。可见奇才多了用，惜乎奇才不多生。曰：此意三交，三不交，三惧，三不惧。何为三交：孝悌忠信者可交，有情有义者可交，灵通机变者可交。何为三不交：愚鲁之人不可交，浅情偷盗者不可交，无恩无义者不可交。何为三惧：有服从尊长者，可惧；年高有德者，可惧；耍笑顽童者，可惧。何为三不惧：稍长于我者，不惧；有力勇者，不惧；艺高者，不惧。天下人多君子少，山上石广黄金缺，世间师众明师稀。太平我听其人语，将心服与他罢，不可背毁有德者。好树长在林崖，不可未出他人之心，这心意无处不到，不如自悟自身，见志，而后到天堂，无地狱。行到地里五谷生，行到人前得其志，行到家里无祸生。

武夫子若曰：解切世人学艺莫学武，凶多吉少难以知，丢财惹气在眼前，不如息气养神却自然。千样之，吾也不知可破乎。用好心肠一条，勇心宣风目报，事耳三思，罗才可破也。惟进退精于严，猛然见了三条路，可该往前进，可该往后退，后手催前手，前膀领着走。右腿未起左腿随，左腿未落右腿追，虽然两腿有前后，不胜两腿并一腿。好钢而多折，能柔且成锋。知进者必胜，知退者不辱。眼要毒，手要奸，脚踩中，满力攒。眼有紧察之精，手有拨转之能，脚有行程之功。两肘不离肋，两手不离腮，出洞入洞紧随身，察其无备而攻之，由其无意而出之。前脚领后脚，后脚踩腿弯。后脚追前脚，拾正臁，前脚未落后脚随，后脚未落前脚追。心与眼合多一明，心与耳合多一灵，心与气合多一力，心与意合多一精。先分一身之法，心为元帅，胳膊腿为五营，四梢左为先行，右为元帅，手足相顾准备一切，护上下相连，要精于贯通熟，早知贯通熟为妙，过后见识不如无。

曰：六合，五行，四梢，三节，三湾，三心，三意，三尖。六合要合，五行要顺，四梢要齐，三节要明，三湾要对，三心要实，三意要连，三尖要照，原来是本一身去处。

曰六合：手与足合，肘与膝合，肩与胯合，心与意合，意与气合，气与力合，乃为六合。

曰五行：心动如火焰，肝动如飞剑，肺动阵雷生，脾动肋加功，肾动快如风，五行顺一气，放胆即成功。

曰四梢：舌为肉梢，手指脚趾为筋梢，牙为骨梢，浑身毛孔为血梢，四梢分明。

曰三节：上节不明多出七十二把神拿，中节不明浑身是空，下节不明多出七十二般跌，明三节。

曰三弯：既手、腿、身相对弯成有弹性的弓状。

曰三心：三心不连，必定学艺浅。既手、足、头顶三心相连。

曰三意：三意要连，既，心、眼、意识行为相连。

曰三尖：三尖要照，既，鼻尖、肩尖、足尖照在一条直线上。

手起横拳势难招，展开中平前后梢，望眉攒钻加反背，如虎搜山斩手炮，卓形如风身抢上，鹰捉四平足下存。进步踩打莫容情，抢上其字立剪子股势，如擒拿进不能胜，必有寒势之心。打人如走路，看人如蒿草。胆上如风响，起落如践窜，遇着要取胜，四梢具要齐。手起脚不起是枉然，脚落手不下亦是枉然。未起便占字，未落使坠字。拳出莫空回，空回总不奇。兵行诡道抢夺如射箭，兵战杀气，拳上一气，无不取胜。君与臣，将与兵，合为一气，盖乾坤并无反意。远近一丈，步为捷。两头回转，寸为先。早知回转这条路，尽在眼前一寸中，守住一心行正道，小路虽好车难行。

精养灵根气养神，元阳不走得其真，丹田养成千日宝，万两黄金不与人。

五劲者，踩、扑、裹、束、决。踩劲，如踩毒物；扑劲，如虎之扑；裹劲，如裹物而不露；束劲，如上下束而为一；决劲，如水决（撅）。踩要绝，扑要绝，裹要绝，束要绝，决要绝，一绝而无不绝也，非绝而不灵。

起而来去占中央，浑身齐到无拦挡，脚踩中门夺他位，就是神仙也难防。肩打一阴反一阳，两手只在洞门藏，左右全凭盖世法，束长二字一命亡。肘打去意占胸膛，起手如是虎扑羊，或在左右两旁走，后手只在肋下藏。胯打几处人不明，好似猛虎出木笼，浑身动转不停势，左右明拨任意行。脚打正意不落空，消息全凭后脚蹬，与人交勇无许差，去意好似卷地风。

论身法，不可前栽，不可后仰，不可左歪，不可右斜，往前，前一直而起，往后，后一直而落。

论步法，寸不可不急，践不可不快，躜（钻）不可不疾。

论脚法，脚起而躜，脚落而翻，无不躜不翻的躜翻。

肩要催肘，肘要催手，胯要催腿，腿要催足。一身之法，如此作用无不取胜。如不取胜者，是无恒久之功也。

践躜法（十六法）

践躜法：一寸、二践、三躜、四就、五夹、六合、七齐、八正、九经、十胫、十一起落、十二进退、十三阴阳、十四五行、十五动静、十六虚实。

一寸之法，寸即步也，步要疾快成其寸也。步动时，进势要低，抖身而起。蓄劲在身，蓄而即发，此乃进人之要诀。

二践之法，践即腿也，腿要勇猛成其践也。前腿进，后腿随；后腿落地，前腿提起，腿起之即躜，腿落之即踩。

三躜之法，躜即身也，身要强壮成其躜也。（躜的含义有向前向上冲之意）手起要躜，足起要躜，身躯束身而起，躜出。

四就之法，就即束也，上下束而成为一成其就也。后脚就近蹬，与寸步相贯，束身抢进，敌身难以变化。

五夹之法，夹是夹剪之夹，成其夹也。两膀要夹，两股要夹，谷道上提，成其夹剪之劲。

六合之法。合是内三合，外三合；心与意合，意与气合，气与力合，此三合存于内。外三合；手与足合，肩与胯合，肘与膝合，成其六合也。

七齐之法，齐是疾也，内外如一成其齐也。心动，意随，内五行要提，外五行要随，四梢齐动。

八正之法，正是直也，看正却有斜，看斜却有正，成其正直也。（正者，头项竖，三尖照。直者，胯要正。）

九胫之法，胫是手磨内五行，心意相连，成其胫也。（腿行磨胫，进步退步夹股，勿使两腿张开。）

十警之法，惊起四梢并发，成其警也。（心要常警，眼要不时常回转，耳要不时常报应，心要不时警觉。精灵之意和心意相连。）

十一起落之法，起是去也，落是打也，起为横，落为顺，起如水之浪翻，落如水之浪绝，成其起落也。

十二进退之法，进是步低也，退是步高也，当进则进，当退则退，成其进退也。

十三阴阳之法，看阴而有阳，看阳而有阴，天地阴阳交合，能以下雨。拳上阴阳交合能以成其一块，皆为阴阳交合之气，成其阴阳也。

十四五行之法，内五行要发，外五行要随，内外相合如一，发而即随，成其五行也。

十五动静之法，静为本体，动为作用，若言其静，未露其机。若言其动，未见其迹。动静发而未发之间，成其动静也。

十六虚实之法，虚者精也，实者灵也，精灵为玄妙之至，成其虚实也。

拳打三节不见形，设若见形不为能，能要不是莫要停，能在一思前，莫在一思存。能在一气先，莫在一气后。有心深思之！

七拳：头打英雄乌牛摆头，肩打一阴反一阳。肘打心窝肘，此肘一去在胸膛，两手好似虎扑羊。似马奔蹄，胯打中节并相连，外胯打的鱼打挺，里胯强步变势难。膝打几处人不明，好似猛虎出木笼，足踩毒物也。

十法摘要

闻子不出语力者，盖因尚德不尚力之意也。然夹谷之会，必用司马。且曰，武门有由恶言不入语耳，则力亦诚不可少哉。于是乎，顾其身家，顾其性命，有拳尚焉。拳之类不同，他端亦不知造自何人？唯此六合拳者，则出于山西龙、凤姬先生，缘先生生于明末时代，精于枪法，人见之皆以为神，而先生犹有虞焉，以为吾处乱世，可操执枪以自卫可也。若太平之日，刀枪入鞘，倘遇不测，何以御之，于是即枪法改作拳法，而会期理于一本，通其形于万殊，称其名为心意六合拳。约其前后六势，前六势劲硬，后六势劲软，由浅而入深，由显而入微之意也。乃世之演艺者多惑于异端之说，而以善走为奇。亦知此拳有退法乎，以能闪为妙，亦知此拳有截法乎，以左右封闭为法力，亦知此拳动之不见形，一动即灵。而实不及封闭乎，且即云：能走、能开，能封、能闭，亦必目见而能然也，故白昼间犹可取胜，若黑夜之间偶遇盗贼，卒逢仇人，我本未见形来，将何以封闭而逃之，我未见其所以动，将何以而闭之，岂不反误自身乎。唯我六合者，心与意合，气与力合，筋与骨合，手与足合，肘与膝合，肩与胯合，练上法于一贯，虽然黑夜之间，风吹草动有触即应，亦不自知其何以然也，惟精于是法者能耳。然得姬老师之真传也，有其徒南山郑氏，郑氏于拳、刀、枪无取不精，会其意，究其理，因述为论：可知一切武艺具出于拳内，彼世之习心意六拳者亦各不同，艺之不类与欠谅之，以未得其真也。故差之毫厘，谬于千里。予卒得学于郑老师以按姬老师之真传传之，觉其法最真，而得之颇详，愿就其论而释之。著述十法摘要，非敢妄行于世也，聊训吾子弟为序。河南新安县长礼沟人士，进士王自诚，男王益、凯较：

首曰，三节，三节本乎一身而言之。则手膊为梢节，腰腹为中节，腿足为根节。分而言之，则三节之中各有三节，手为梢节，肘为中节，肩为根节。此梢节中之三节也。胃为梢节，心为中节，丹田为根节。此中节之三节也。足为梢节，膝为中节，胯为根节。此为根节中之三节也。其中之要不外乎起、随、追而已。梢节起，中节随，而根节追之。必能用此法则，浑身上下不知有长短、曲直、参差俯仰之病。

二曰，四梢，发为血梢，甲为筋梢，牙为骨梢，舌为肉梢。四梢齐到内筋出。有谓两手两脚为四梢，或致于齐知之法，其发欲冲冠，甲欲透骨，舌欲催齿，牙欲断金。心战而内动，气自丹田生，如虎之恨，如龙之惊。气发而为声，声随手发，手随声落，故一枝动而百枝摇，四梢无不齐，内筋无不出矣。

三曰，五行，金、木、水、火、土，内对人之五脏，外应人之五官。如，心属火，心急勇力生，脾属土，脾动大力攻，肝属木，肝急火焰蒸，肺属金，肺动阵雷惊，肾属水，肾动快如风，此五行之存于内也。目通于肝，鼻通于肺，耳通于肾，口舌通于心，人中通于脾，故曰：五行真如五道关，无人把守自遮，自灵之。五行真确论也，而最宜和矣。心手通属火，鼻尖通属金，火到金回，亦然之理而余此类推也。

四曰，身法有八要。起落、进退、反侧、收纵；夫起落者，起为横，落为顺。进退者，进走低，退也低。反侧者，反身顾后，侧身顾左右。收纵者，收如伏猫，纵如放虎，大抵以中平为宜，以正直为妙，于三节法相贯，此不可不知也。

五曰，步法者：寸步，垫步，快步，剪步；如二三尺远，则用后脚垫一步，仍上前脚。如身大力勇者，则用剪步，急遇后步。如丈八远，此为马蹿虎践之意，非艺成者不可轻用，远走不发脚而已。如遇人多或有器械，则连腿带脚并践而上，即谓策脚二起之说，善学者随使用之，习之以纯熟，用之以无心，尽其妙也。

六曰，手法者。出手、起手、颁手、截手而已。当胸直出者，为之出手；筋稍不发，起而未落者所谓之颁手；顺起顺落参艺须嗟者，谓之截手；俱起前手，如鹞子锁林须展翅，束身而起催后手，如燕子取水往上翻，长身而落，此单手之法也。两手交互并起并落，起如抽，落如钩，此双手之法也。撩阴起，起如虎之扑人，落如鹰之捉物，是知手足之法，本自相同，而足之为用，亦必如虎之行，无虎之行莫然后可也。

七曰，上法，进法。上法者，以手为妙。进法者，以步为奇，而总以身法为要，则手起如丹凤朝阳也。进法，如其进步，如抢上，抢进步踩打也；务必三节明，四稍齐，五行备，身法活，手足相连，然后因其远近，随其老嫩动之而即是也。然其方亦有六方，工、顺、勇、精、真、恨，工者，巧妙；顺者，自然；勇者，果断；精者，紧快；真者，发必中他先见之期，而彼难变化也；恨者，恨不容情，心一动战而内劲出矣。六方具要明，上法、进法者得矣。

八曰，顾法、开法、截法、进退法，顾法有单顾，双顾，顾上，顾下，顾前，顾后，顾左，顾右也。单顾则用截，双顾则用横捶，顾上则用冲天炮，顾下则用握地炮，顾前后则用前后梢，顾左右则用括边炮，或括身炮，此亦遂机而动他人之钩运蓬加也。开法者有左开，有右开，有劲开，有柔开，左开如里括，右开如外括也。劲开前六势之硬劲，柔开如后六势之软劲也。截法者截手，截足，截面，截言，截心而已。截手者彼未上而我先截之，截言者，彼言露其意，而我先截之。截面、截心者，彼即眉稍喜，眼笑言，甘意诚，我有防其意者，而迎机以截之。追法者，与上法，进法一贯，即所谓随身紧趋，追风赶月不放松，彼欲走而不能，又何虑其有邪术乎。

九曰，三性调养法。眼为见性，耳为灵性，心为勇性。眼不时循环，耳不时报应，精灵之意在我不知为人谋。心不时惊起，其法如脊背后物一动一静必入于耳，眼观之，而心动矣。故曰：三性者乃艺中之妙用也。

十曰，内劲法。夫内劲法者，寓于无形，按于表法，最难言也。然其礼理亦可察。盖志气之帅，气体之充也。心一动而气近之，气一动而力伏之，此必然之理也。今一切艺者，言之以为撞劲，非也。攻劲，非也。崩劲亦非也。贻粘劲者可也。夫撞劲太真，而难起落，攻劲太死，而难为变化。崩劲太捷，而难为展招。惟粘劲出在不甚捷，可使日月无光，而不见形，手到劲发可使天地交合，而不黄其力，总之运于三性之中，法于战之倾。如虎之伸爪而物不能逃，如龙之用力而不能阻也。如是以上九法合而为一，而武艺不及成乎。

盖吾会通其理，摘其要而释之，以为后世之习者，训至于姬老师，郑重老师之拳法，棍法，刀法，枪法，今开列于后，以备其考也。

拳法演艺歌决：六合崩劲，头露三回，手起撩阴望眉攒，进步采打莫遮拦。三枪威进，崩空。真者，乃艺中之妙用也；括手顾身紧相连，抽身反背拗步转，海底捞月非等闲，劈身又下顾肋后，提防左右闪两边，下打劈身落后起；二落崩嗟艺不还，鹞子挟胸现身法，左右虎扑逆意翻，右上抡身势更奇，左进右退势猛然，兜手搂手哏喝宗，迷中仙路如闪电，斜行拗步向右进，加上反背虎奔山，抽身左进十字上，挽打七星势方全，进步扑打势莫移，括手劈身进步奇，四面抵脚二起上，劈身反背进身起，退身反背跟步落。手面莫教迟，虎扑鹰捉双双起，快步连之磅跃趋，转身左进右步追，门弓落左势难执，罗汉七星势更奇。学者六合无双传，多少奥妙在期间，谈君妄传无义人，招灾惹祸难保安。

眼不精为一虎，耳不精为一虎，鼻不精为一虎，口无味为一虎，不精，为虎，若精者，为风雨洒遍乾坤，山林不能阻隔。

龙有搜骨之法，虎有扑战之勇；猫有捕捉之妙，猴有纵身之灵；鹰有捉拿之精，熊有战斗之情；蛇有拨草之巧，燕有取水之能；鹞有侧翅之力，马有奔腾之功。

抖身而起，藏身而落，起如风，落如箭，打倒他还嫌慢。起如箭，落如风，追赶日月不放松。

枪法演艺歌决：三步渺兽进四门，剪步梳山是昆仑，苏秦背剑，吕布携戟，敬德夺梳，鹞子翻身，三斜势，猛虎倒坐要伤人，观音抱子，金缴剑，武松抱头挡万人。

练拳容易得艺难，灵劲上身天地翻。六合相聚人难躲，遇人好似弓断弦。宁可遗失，不可乱传。君子学了护重心，小人学了乱糊传。十大形的歌完。

心意六合拳与其他拳种具有不同之处：

一、心意六合拳在几百年前就有古《谱论》指导拳术修炼，重点是修炼人的智、仁、勇，以健康人的整个生命历程为主要目的。该拳不是用于争强好胜的拳，内修脏腑，充实精神，修炼智慧和仁心、勇敢和战斗力，要求时时考练身心，一件通、件件通的成为心理与生理比别人强的人。该拳外练人体四肢百骸功能，练“筋骨一气和全”，身体移动可“起无形，落无踪，去意好似刮地风”，拳用于实战可取胜，不用于实战时能调治百病，拳服务于人整个生命历程的身心健康。养生是该拳之本，技击是该拳之魂。以五行、阴阳、动静等拳理完善人的技击行为能力，完全超越了体育范畴。

二、心意六合拳围绕“顾”字练拳，顾与打如同当今军事的导弹与反导系统，反导比导弹难度系数大。心意六合拳用拳如用兵，拳法的用兵是随机应变，取胜常用出很悬、很巧、很准确、很令人惊讶的一些拳法，常使对手不知所措，对手失败后仍感到迷惑。

三、心意六合拳用拳没有招法，以六势身法为因对手而变，用拳如用炮，见空不开炮，开炮时要求内、外五行齐发，山林不能阻隔。六势中的龙身是用躯体的质心带动整体左右拧裹，用整体质量的螺旋进行实战的攻防，以及用脊柱调动进攻和防守，恰到好处。六势中的“龙身”带动“熊膀”；六埶中的“鸡腿”以步为奇在三维中移动身体；“鹰捉”捉拿有束展、有整体劲；“虎抱头”是顾自己头，抱拧对手的头；“雷声”属于攻防的顾法，充实拳术的气势。用拳要求捷如腾兔，纵横往来，迢形随影，目不及瞬。用拳有诡异的出其不意之术，常以隐秘难测的进攻使对手根本无法抵抗。例如，鹰藏爪就是隐藏了巨大进攻威力的拳法。

形意拳是根据古心意六合拳而创新的一个拳种，形意拳因传播面广大，技击实战性强而深得广大武术爱好者喜爱。1968年，罗时茂先师与形意拳的范忠鹏老师结义为师兄弟，并将形意拳的八字歌等内容抄入心意六合拳谱，下面介绍形意拳的《八字歌》。

八字歌，即八封：八字者，顶、扣、圆、敏、抱、垂、曲、挺是也，桩法及拳式站定，叮此八字须具备焉。所以蓄力养气，使敌无措。

八字者各有三种分述如下。

一曰，三顶。三顶者，后脑骨向上顶有冲天之雄，头为周身之主，上顶则后三关易通，肾气因之上达泥丸以养；惟手掌外顶，有顶山之功。则气贯周身，力达四肢。舌上顶有吼狮吞象之容，能导上升之肾气下行归入丹田以固命，是谓之三顶。

二曰，三扣。三扣者，两肩要扣，则前胸空阔，则气力到肘。手背、足背要扣，则气力到手足，桩步力厚。牙齿要扣，则筋骨紧缩是为之三扣。

三曰，三圆。三圆者，脊背要圆，其力催身，则尾间中正，精神贯顶。前胸要圆，两肘力全，心窝微收。呼吸通顺。虎口要圆，勇猛外宣，则手有里抱力。是为三圆。

四曰，三敏。三敏者，敏如怒狸扑鼠，则能随机应变。眼要敏，如机鹰之捉兔，能预视察机宜。手要敏，如捕羊之饿虎，能先发制人。是谓之三敏。

五曰，三抱。三抱者，丹田要抱，气不外散，击敌必准。心气要抱，遇敌有主，临变不变。两肋要抱，出入不乱，遇敌无险。是谓之三抱。

六曰，三垂。三垂者，气垂则气降丹田，身稳如山。两肩下垂，则臂长如活肩催肘前。两肘下垂，则两肱自圆，能顾两肋。是谓之三垂。

七曰，三曲。三曲者，两肱宜曲弓如半月，则力富。两膝宜曲，弯如半月，则力凑。皆取其伸缩自如，用劲不断之意，是谓之三曲。

八曰，三挺。三挺者，颈项挺则头部正直，精气贯顶。脊背要挺，则力达四梢，气鼓全身。膝盖要挺，则气括神怡，如树生根。

心意六合拳与形意拳同源，都是训练技击的速成拳种。心意六合拳隐喻十种动物的灵性，以彼喻此的传递拳法技术。用拳参照天地间的日、月、风、雨、雷等现象寻找灵感，全凭心意指导身体捕捉拳术取胜的机遇；形意拳隐喻十二种动物的灵性，象形取意练拳法，按金、木、水、火、土练拳法的劈、崩、钻、炮、横，形猛如同将好钢用在了斧刃上。这两种拳都动作简单，规矩严谨，有许多相同点。例如，“遇敌好似火烧身”是相同，“快人半步”相同，“全凭心意用功夫”相同。

第九章　拳术与健康生命历程

古心意六合拳祥和人生，提高生命的品质，是学练“顾其身家性命”本领的拳。习拳过程如同是健康生命历程的工程，人们孕育每项工程必然有思维依据和工程概念，工程首先要做的是图纸的设计、分段工程的顺序及计划进程，练拳要依据人的不同年龄和健康状况，安排遵循生命规律的训练内容。心意六合拳用国学文化结合相关的科学知识，教育人在为人处世中拒绝轻狂、草率、鲁莽，拳法修炼人后天的生理组织的功能和心智能力，用修炼成果服务于人的生命历程。

练古心意六合拳要学习多元化、多学科的文化知识，要集国学文化、自然科学文化、社会科学文化、人体生命科学、兵法及与拳术相关的多学科于一体，有理可依地增长智 、仁、勇，日就月将地修炼心、身能力，逐渐达到“智无不备，勇无不生，得和平之理会和平之原”，练古心意六合拳主要是给生命补充正能量。

练拳要有顺序、有计划的安排所练内容：拳术的施工概念是正心、修身；拳术的施工目标是获得“照顾身家性命”的本领，用拳有积极主动的防御、以阵法与阵势取胜，以出入动静之法产生技击的“神仙不测之妙”。这样练拳有“如攀如跻之靡穷”的乐趣，越练越需要用上与拳术相关联的知识：（1）按易理的“天行健，君子自强不息。地势乾，君子厚德载物”认识拳法上的“不动如山岳，难知如阴阳，无穷如天地，充实如太仓，浩渺如四海，炫耀如电光，则尽乎其志，备乎其勇，全乎其和”。（2）按中医的基础知识修炼人的心智与五脏六腑的内能力，锻炼人的躯体的能力，用医学卫生知识守护人的生命健康，延年益寿。卢嵩高大师有许多90多岁的学生仍可教拳育人，卢大师开宗立派的海派心意六合拳被公认为长寿拳。（3）儒家文化仁爱天下，爱自己，就要正确评价自己的心理与生理，认识到人的生命历程不同，修炼拳术的内容与目的有所不同：未成年人的思想不成熟，很难懂得技击的奥妙；儿童练拳只是在玩耍的过程中锻炼身体，培养品德，快乐成长；成年后练技击不晚，成年人练拳既是超越自我的修为，又通过练拳增长技击本领；中老年人抽一些时间练拳，能提高生活乐趣和生命品质；高龄人练拳是闲暇的养生活动，预防老年疾病并延年益寿。人正常的生命要经历生、老、病、死的历程，地球上的任何生命都逃不了这个生物发展的自然规律。动物和植物为死亡而活着，而人类不是为死亡活着，人类除了有物质世界的躯体生命，还有一个充满思想文化的生命。人类的精神世界使人有信仰，人为理想而奋斗。做人有道德情操，明礼义廉耻，懂孝悌忠信。成年人有担当，家事、国事“匹夫有责”。否则，人还活在动物世界。（4）是劳动改造了人类，劳动使人类社会拥有各种意识形态；劳动使人的思想能够寻找世界的本源；劳动使人对未来的事物总有想象与希望；劳动使人的内心有达到目标的意志与信念。练拳如同主动的为心、身的健康劳动，这种劳动要按不同年龄与健康状况，合理安排劳动的内容。因此，人要懂得什么年龄的人最需要拳术的哪些应知应会，按不同年龄遵循生命规律顺应生理的练拳。

本章介绍遵循生命历程的规律，以不同的年龄段合理安排练拳的内容，事倍功半的造诣心、身健康，同时获得技击本领。

第一节　学龄前的拳术训练

学龄前的拳术训练，是指幼儿在3～6岁学练的拳术。幼儿练拳相当于玩耍，适宜练有趣味的拳术。3～6岁的幼儿一般都入幼儿园，开始接受幼儿文化的启蒙教育。可将拳的基本功练习列入丢手绢一类的游戏活动中。国学文化指出："人之初，性本善，性相近，习相远。"幼儿一心想要认识世界，启发幼儿练武的兴趣。幼儿都渴望新鲜事物，就拿小孩玩玩具来说，见一个新的玩具就可以不要手上的旧玩具，这不是幼儿喜新厌旧，而是童心的需要，想见识更广阔的事物。学龄前的拳术训练要根据童心的需要，训练幼儿手指的灵巧和手掌抓握物体的准确度，同时训练立体视觉和手脚的行为配合。幼儿要在阳光充足、空气新鲜的环境中练拳。

3～6岁的幼儿都喜欢户外生活，父母等监护人已关不住他们要去认识世界的心，有时会误认为小孩子心野，实际上小孩子是想东奔西跑的认识世界，想逐渐明理懂事。幼儿3～6岁是最快乐和活泼的年纪，愿意和父亲或母亲在一起练拳，因此父母要陪幼儿练拳，并通过赞美的方式建立幼儿的自信，增长其智能、体能、技能，享受练拳的快乐。

3～6岁的幼儿喜欢和小伙伴在一起做游戏，练仿生的拳术动作如同了解拳术的游戏，这种练拳术的方式让幼儿既练拳术的能力，又获得快乐。例如练猫步，要求行走无声。猫足上有厚厚的肉垫，走路无声音，练猫步并同时模仿猫有捕捉之妙，既可强健幼儿体魄，又可和悦幼儿精神。要因地制宜地规范小孩的行走、跑动、坐等运动姿势，让小孩训练日常起、坐、行的运动姿势符合人体运动力学和生理规律，促进转腰、摆手、摇腿等日常细微动作的正确，有益于生理健康。

学龄前的拳术课程，从下蹲后搬一个小凳子站起来的正确姿势开始，再训练转腰、抬头、摆手、摇腿等日常细微动作，所练的动作均要有利于生理成长。为其带来快乐、健康，促进德、智、体的全面发展。比如对手掌的认识和练习，手指紧排为柳叶掌，腕指钩屈为鹰爪手，五指屈扣为金豹掌，五指各分开而伸为荷叶掌，掌背在上为阳掌、掌背在下为阴掌，侧成45°为阴阳掌。屈指握拳可团聚气力，握拳时各指尖整齐向内卷，劲集中于手掌中间，大指则向下贴紧中指第二节。认识手的灵活、关键在于腕关节；认识足的灵活、关键在于踝关节。练习中灵活变换手的造型和步态，启蒙拳的动作是否灵活、变化是否伶俐与腕、踝关节关系密切。学习一些前、后、左、右的转身观察，提高闪身的自我保护意识。再训练象形猴子顽皮的拳术动作，模仿猴子的纵身之灵，象形是幻想与理想结合。

学龄前儿童适合训练燕形拳势。燕子是一种翅膀很长的鸟，尾巴像张开的剪刀，喜欢在水面上飞行捕捉昆虫，深受人们喜爱。是与人类亲近。拳的燕子取水式，取燕子在江河水面抓虫的灵巧。

燕子取水式初级练法：身体向右侧身站立，右手贴于左肋，左臂上伸，左手下钩（图203）。右脚向右前方迈一大步的同时身体下蹲，两手形同两只燕子由上而下紧贴下蹲的身体，把地面想象为水面，手形同燕子取水（图204）。接上式，起身向左训练，左右式动作相同，惟方向相反，如此一左一右的反复训练。

图203

图204

拳理：燕子取水式的左右纵横、闪展翻转是模仿燕子的生灵本能，儿童集体训练燕形拳势，动作同起同落，给人活泼可爱的感觉。

教授学龄前儿童习拳的老师必知：决不能提倡儿童参加拳术实战训练，而且在表演类的拳术教学中绝对要防止儿童在学拳中受伤。老师不论水平高低都是园丁，告诉学龄前儿童讲卫生可预防疾病，教学龄前儿童平时学会自我保护。儿童想听故事，老师就给学龄前的儿童讲爱国、忠孝的历史武林人物故事，启蒙学龄前儿童的爱国思想和练武兴趣。儿童爱玩，武术训练就是陪儿童玩，在玩武术的过程中从心理、生理方面给儿童带来健康成长与快乐，练拳可帮助小孩消耗体力及锻炼智、仁、勇，有利于强壮民族的未来。

当代学龄前儿童武术训练目的是：锻炼意志，培养品德，快乐成长。练拳使儿童的肢体、体能更好地发育成长、强壮，正确地引导少年儿童行走、跑动、坐等，使其姿势正确。向学龄前儿童传播规范和礼节、风俗和技艺、传统习惯的知识，启发少年儿童求进步、爱锻炼的学拳欲望。明白学龄前的儿童练拳，修心最重要，教一些中华传统文化提倡学习的《三字经》等儒家文化，按照《三字经》训练儿童的国学思想，培养学龄前儿童从小就有大志气。教拳的同时教品德，儿童将来就一定会有大出息。

第二节　小学时期的拳术训练

小学时期的人精力旺盛，喜爱以运动来消耗体力，练拳可以锻炼意志，培养品德，使人体强壮，体能充足，抵抗病邪，快乐成长。实际训练中要以集体训练来增加人与人之间的感情和情趣，正确引导少年认识头在身体中的重要地位，松静自然抬头，左右转动头，头轻松，四肢方灵活。练扩胸、展肩、展臂、平起膝踢腿、下蹲站立等基本动作。多练弓步冲拳和转身冲拳等基本动作，再训练鹰形起落把，懂得起落的变化。本书第六章的武术套路都适合小学时期的人训练。训练既要着重安全，又要有利于快乐成长。

小学时期的人应该把跳绳作为拳术的基本功。跳绳者两手分别抓住绳的两端，用手摇成环状绕过两足，有单脚跳、双人跳、多人长绳跳等方法。按人的面、背而言，跳绳有向前摇绳的正跳和向后摇绳的反跳。跳绳练弹跳力，增加腰、腿、背的力量。绳曾经是用于军事的器械，是远古作战时阻挡骑兵进攻的绊马索。实战中手触及对方后可变绳捆住对方，或以脚代绳。建议：小学时期的人练一练拳术的触觉能力，多训练抓、摇、晃等手的触觉灵敏，提高心手相应是古心意六合拳非常重要的一个训练科目。

小学时期的人适合修炼古心意六合拳的熊出洞，熊出洞是被称为“熊有战斗之情”的桩功。严格地说，训练古心意六合拳的任何套路，都以熊出洞为起式。熊看似外形宁静，而内含蓄威猛及庄严。

熊出洞练法：身体自然站立，上左脚同时身体忽然下蹲，重心保持在右腿上，两手如同熊的两膀健壮有力的摆在胸前，两手放松下扣，以静视动。熊出洞的形象是头颈上竖，两眼睛观天，又不观天（图205）。

图205

拳理：练熊出洞的拳式的身体下束需要腿功扎实，熊出洞是为在竖直方借重力用拳打基础。

下面给小学时期的人讲述丰富、科学的拳术文化：（1）把算术的加法去找劲力相加（合力），形成一个整体齐劲。分解对方进攻的劲力是减法。（2）把汉字点、横、竖、撇、捺的笔划，形象于拳术动作的五种上臂姿势。由弓步出拳变换点、横、竖、撇、捺的五种拳姿。汉字有无声的信息，例如，“乐”字给人快乐；“寿”字愿人健康长寿；“马”字可见四个马蹄印；“牛”字可见二个弯转的牛角；“走”字可见两条腿一前一后的形象。汉字以符号和图象的形式，突破声音和时间的限制传递信息。（3）讲述人类是由四肢爬行进化到站立行走，两脚站立使人脚踏实地，形成顶天立地的人体形态。人的直立运动使人的腰脊支撑上体的重量，脊柱是拳术变化的中轴，拳术动作的敏捷、虚实变化都与腰和脊柱有关。（4）在人直立的形态中，人的丹田演化成为人体几何的中心，即人体直立运动空间的圆心，又是人体运动质量的质心。丹田带动拳术的起落、进退、反侧、收纵等运动，都是大质量产生大能量的运动，符合现代物理学的质能互变规律。因此，心意拳将腰的一周围隐喻成人体最大的关节，训练身体转动的最大角度，通过合乎生理的拧腰，储蓄和使用技击的能量。（5）讲述武医结合的理论，简单地认识消化系统、呼吸系统、血液循环系统，学习简单的骨骼分布和自我保护知识。小学的年龄正处于长身体、长知识的时期，拳术训练强度要小，拳式以活泼的蛇形动作促进体能的增长，以武医结合的知识启发练拳。

小学时期的拳术训练包括有利健康的发雷声。小孩子发小雷声以汉字“和”的语音为标准并进行拳术的手语练习，拆字和组字，认知中国人的哲理。有几千年历史的汉字，每个字都包含一定的信息量，汉字从初创沿用至今仍有“今义解古书”的回味。

我们将拳术的本领一分为三，分为智能、体能、技能，现在把智、体、技三个字进行拆字，认识初创汉字的哲理及字里的信息量。

智字，可拆成日与知。知，是知道、晓得、明了。智以日字为基底，说明要从每日的学习积累知识，智慧就在逐渐产生。

体，可拆成人与本，本就是以人为根本，积蓄个人的能力。

技，可拆成手与支，支就是支持手的能力成为人的技艺。

再拆打与踢二字：打，可拆成手与丁，丁就是一点儿，表明手打在拳术技击中只有极小的作用。

踢，可拆成足与易。易，是不费力。足踢可使武术技击变的轻而易举。技击应多发挥足的作用，技击变得容易了。易理先哲创字之初就暗示拳术技击是脚打七分，手打三分。

我们将中文的重字、力字组合，就是中文繁体的动字。重字，可拟议为人的重心，此时力字可拟议为人的能力与方法等。这两个字一旦分开就不是动字，重字与力字分开，重心与力量就失去方法。

我们以拆汉字认识拳术文化，借以增强小学时期的少年热爱国学文化，由喜中国文字产生练拳的上进心和自信心，以拳术强壮身体，饱满精神，充足人的体力，让拳术伴随少年儿童的快乐成长。

小学时期的拳术老师必知：中国人自古就重视从小培养学生德智体的全面发展，几百年来中国一直有童子军的练拳习武与军事训练。对小学生进行政治教育，组织他们了解革命先驱奋斗的道路和英勇事迹，培养爱国思想。通过练拳习武结合军事训练，促进小学生对其它专业知识的学习兴趣。拳的真才实学是由浅入深的，拳术的技击传播有道德与伦理的要求，不能给未成年人过多的讲拳术技击奥妙。而且未成年人由于缺乏对物理力学在拳术上应用的领悟能力，最好是编排表演的对练套路，让孩子们多练从外表上生动活泼的展现练武人的精神、气势、劲头、风格。

给小学时期的小朋友讲述象形动物的拳术动作，对飞禽，走兽的形象进行模仿，象形拳是象形取意，动作取生灵的能力之巧，达到养生和技击的效果。象形拳是人们幻想与理想结合的产物。例如，教小朋友模仿熊掌，或模仿老虎的形状和老虎的虎威，或模仿猴子顽皮的样子，或模仿猴子的纵身之灵。在技击拳术中要的是效果，在表演上要的就是模样。

小学时期的儿童武术修心，建议学习“弟子规”等儒家文化，按照《弟子规》训练小学时期儿童的国学思想，让心储蓄无形的能量。

第三节　初中时期的拳术训练

青少年时期骨头内有机物的含量大，骨头的弹性大是训练高难度拳术动作的最好条件，该年龄段的青少年最适合练表演类的拳术，领悟拳的艺术犹如七音、七色美化人们文化生活，并有可能进入影视圈去发展。初中时期的人思想在不断丰富，产生了许多理想，身体接近成熟，女孩与男孩在心理上产生差别，女孩细心，她们谁都不想比别人怯弱，而且比男孩有更多的爱美和慈善之心；男孩粗心，但更显见雄心壮志。让初中时期的青少年明白拳学的伦理和道德，但不提倡他们参加拳术的实战训练。

拳术文化：初中时期开展练拳习武，是培养学生德智体全面发展的需要。（1）在武医结合的理论上，让学生学习人体生理解剖中的骨骼结构和分布，认识消化系统、呼吸系统、血液循环系统、泌尿系统的知识，提高卫生常识。（2）把数学知识用于拳术动作：先弄清圆心、角度、点连接出直线和面的概念，懂得拳术行为“善圆能走化，抢角占上风，发力寻轴线，一点见真功”。（3）通过拳术的象形取意使初中生更关爱动物。讲述武术的仿生学认识植物，游泳训练中可使用仿袋鼠的游泳衣。散打拳击用的头盔可仿吸收震荡能力很强的椰子壳。当今体育建筑也在仿造蛋壳的弯曲，并采用轻质耐压的薄壳结构。（4）初中时期练拳，主要是锻炼腿的力量，增强两脚关节的灵活性及单腿运动时保持身体平衡的能力。从拳术弓步明确力点、支点，运用初中数学课上已经学到点、线、面、角、圆的概念。点：是拳术进攻和防守力量的交会；线的横、竖、撇、捺是拳术进攻和防守的运动和劲力方向；而在0到100的数字中，任何一个数既是一个整体又是整体的一部分，还可分成一半或一半的一半，拳术动作常以单式及单式的一半发力，起落的两点形成力的弧线，线的周围就是面；改变发力点的正反方向，形成夹角，夹角放大到360度就形成了圆；圆撞击对手的力是点；用头、手、足、肩、胯、肘、膝的七拳进攻对方的三盘，产生72到216种打法。

本书的拳术套路都适合初中时期的人训练，特增加云遮日月把的套路训练，方便以后自己组合成不同的新套路。

云遮日月把练法：起势，侧身站立，缩小受打击的目标；下颌内收保护咽喉；左脚在前，脚跟着地，脚尖微翘离地，右趾有微微抓地之意；两肘垂在两肋要害之处，肘与手紧随身，防范敌方的攻击（图206）。左肩领左脚上一大步，上步时要求脚手齐到，同时左肩前领，左手单掌向前、掌心向外，意在遮蔽对手的眼睛。要求左肘与左膝的内侧对齐，右脚满力向前蹬直，右手紧贴右腿（图207）。

图206

图207

左手臂竖直向下压，同时右腿提膝上步，右手由下而上向前举肘，右手上举，高于头脑，身体做到“起为横、落为顺”的转动（图208）。右脚下踩，同时左肩领身体，左手向前，腰转动时左脚上一大步，右脚蹬直，身体做到“起为横、落为顺”（图209）。

左手转动向前伸，两脚跟不动，脚尖向右转动，向后转身，身体一起一落如践蹿，同时右肩前领，右手单掌向前，左脚蹬直（图210、图211）。要求：（1）脚手齐到，一左一右反复训练，练习次数因人而异，以出微汗为度。（2）“手起莫要望空走，脚去莫在空里落”，还要求在一左一右反复训练中能够眼观六路，耳听八方。

图208

图209

图210

图211

武术文化阐释：顾名思义，云遮日月把是出手要遮蔽对手眼睛，让对手瞬间致盲。拳劲发于脚跟，行于中节，奔作用点手臂，隐喻“鹰有捕捉之精”。懂得拳术中力的移动效应和力的转动效应上运用合力矩，合力矩是平面汇交力系的合力之和。例如，开汽车的司机两手转动方向盘，是两个反向平行的合力之和形成力偶臂。

教授初中时期青少年的拳术老师应做到：爱武术事业、爱护学生，了解学生的生理状况、年龄、身高、体重及生理和心理健康状况，发现学生的优点，找出学生的不足之处，用踏实的训练内容提高学生的智能、体能、技能。老师应有园丁精神，做到有栽树之心、育苗之意。因人而异，诲人不倦地启发学生勤学苦练。

初中时期的青少年武术修心，建议学习《论语》等儒家文化，按照《论语》训练人的思想灵活。思想上的巨人，拳术本领一定强大。

初中时期进入生理发育期，对此时期拳术锻炼提出如下建议。

一、建议初中时期的年轻人通过拳术锻炼预防肝、胆、肾功能受损、脂肪肝等，避免饮水少或长期饮用汽水、可乐、含甜蜜素等化工产品的饮料，绝对不食用含酒精饮品、火锅、膨化食品等，杜绝饮酒过度，熬夜过度等恶习。初中时期的人参与积极的拳术运动，减少因为肥胖带来的高血脂、高血压等并发症，养成练拳的好习惯。

二、建议初中时期的人以拳术理论锻炼视力，懂得卫生用眼，杜绝疲劳用眼和长时间看手机。练拳时穿宽松衣裤，避免“葛优躺”、久坐打电游、手淫过度，多运动能够防止男人精索静脉曲张。早睡早起，不熬夜，预防感冒。防止心脏病、血压不合格、心律不齐，预防早搏，以防止疲劳去预防RT波改变的心脏供血不足。

三、建议初中时期的人练拳重视修炼心意，内心获得无形的智慧与能量。修炼心意的正能量，能够预防抑郁症、自闭症、双重性格症等，以内心的正能量进行心理干涉，避免心理病症的出现。练拳要懂得中国传统武术的高手，高就高在智慧上，这与神经元、武术智能、人体奥秘都有关系。普通人练拳重视体能、技能，奥运会所有体育项目，全世界运动员的体能、技能都基本开发到了极限，人类只有智慧上还具有巨大的开发潜力，智慧比体能更重要。

人生活在普遍追求和平的社会，也难免会遇到歹徒，若遇到歹徒为非作歹，通过练拳而具备能打赢的能力和能量，才有见义勇为的本钱，才能够保护自己与他人不受歹徒欺辱。未成年人更要学会自保。

第四节　高中时期的拳术训练

祖国医学提出青春期男女的生理规律，二八肾气盛，天癸至。筋骨渐强，肌肉开始满壮。女士在月经期间要降低拳术训练强度，并注意卫生保健。青春期的年龄段习武，要深入了解人体解剖，认识骨骼结构和关节功能，了解骨头中钙与磷使骨骼坚硬。骨骼是保护内脏器官及运动活动的支架，骨关节如同轴承，主宰人体的拧转、伸展、弯曲等运动。肌肉富有弹性，骨和肌肉相互配合协调出人的劲力和运动姿势。练拳不懂得人体生理解剖属于盲目训练。

高中时期的人像早晨的太阳，高中时期练拳是成为人美之人，时时考验身心，“一件通、件件通”的认识生理知识，多知、多懂武术道理，想一想每个武术动作的所以然。多练习单个姿势，增长人的智能、体能、技能，最大限度地开发出个人潜能。每个拳式动作都有几何学中圆的概念和角的作用。例如，行为圆滑，圆的力集中在点上，三角形稳定进攻的结构，抢角占上风。

高中时期思想和身体都进入成年阶段，可把许多文化知识运用到练拳上。根据自己所学和所训练的拳术动作，自编一个拳术套路，使拳术训练内容更丰富。例如，根据练过的拳术动作，每个动作都可以互相连接，种种连接方式，如七音、七色的变化，无穷无尽。例如，自编自练燕形拳势，取燕子在江河湖泊水面取水、抓虫的灵巧于拳式中。

高中时期的人适合训练本书介绍的所有套路，还可适当开展拳术实战训练，摸索“出手横拳势难招，展开中平前后梢，转身挑领阴阳势，鹰捉四平足下抛”的拳术能力。认识拳术的意象名词：龙腰、鸡腿、鹰爪、熊膀、虎抱头、雷声。练鸡腿是以单腿支撑人的身体重量，保持身体平衡，并使身体不动如山岳，身体平稳，动作不乱。学习哲学、中医学、儒家思想、物理等科学知识。根据拳理训练拳，行生于理，理随于行，其理愈明，其行愈高。把消防知识、自救能力等列入拳术课程，加强对拳术文化的深度认识，培养良好的行为习惯。

任何人练拳都想获得拳术的技击本领，技击本领关系到人的生理和心理功能，要懂兵法。练拳术要适应环境、顺应自然，拳学可强国、强种，是能健康人生命历程的文化。但“练拳不练功，到老一场空”，练好内功可超越自我。练功要懂生物力学，是研究血液、体液、脏器、骨骼关节、骨肌等在运动过程中生物反映的学问。应用静力学、动力学的原理，掌握拳术运动一部分相对于另一部分的力学规律，掌握人的整体在空间、时间上发生位移和运动的力学规律，增长拳术运动的极限能力，获得拳的最佳动力。此时练功不是练招式，而是根据体内组织、器官脏腑、骨肌系统的结构修炼和储备人体组织、器官、脏腑、骨关节的能力，这样练拳方能有成就。传播拳术的技击奥秘有严格的伦理和道德要求，只向遵纪守法的青年人传授拳术技击。

建议高中时期人增加大劈的套路训练：起势，左脚上大步，左肩前领，左手向前，掌心向内，右手推左肘使左肘与左膝对齐，右脚蹬直（图212）。左脚微微提起后下踩，同时右脚上半步后下蹲，右手掌紧贴左手上举，然后两手同时向身体的左方下劈（图213）。右脚向前上步，左手推右肘向前靠，身体向右转动（图214）。右脚微微提起后下踩，同时左脚上半步，左手掌紧贴右手上举，然后两手在身体右转时向右下方劈，左肩膀对准正前方（图215）。如此一左一右反复训练。

图212

图213

图214

图215

拳理分析：大劈修练人的腿骨关节和韧带，练后六势的联动，由腿骨关节的屈伸角度带动上体起、落，以上体的起、落增强手臂的劈劲。手臂的劈劲大小很大程度上决定于膝关节的屈伸角度。如果髌骨不能活动自如，膝关节屈伸的角度就会受到限制。大劈的拳势要求膝关节做屈曲90° 的训练，要把整个上身的重量向下放到弯曲的后腿上，后膝关节屈曲135° ，由此练习就容易出劈劲（图216）。

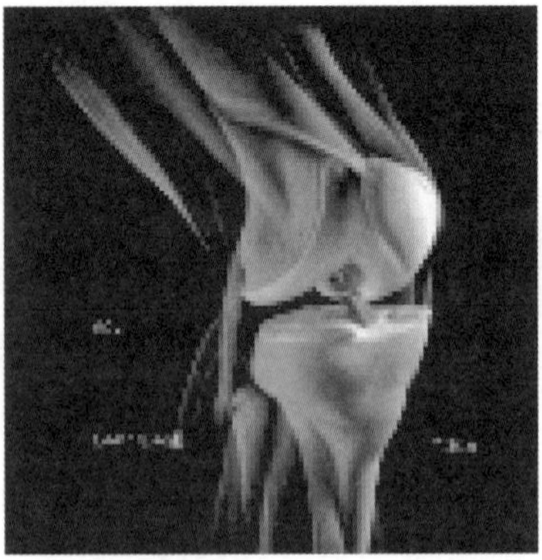

图216

练拳要修炼人的骨肌系统，骨肌系统是由骨骼、韧带、肌腱、肌肉组成，主要功能是支撑身体，为人体各器官的系统运作提供动力功能和保护功能。人体的骨骼肌有600多块，大约占体重的40%。骨骼肌是人运动系统的动力源泉，骨骼肌在神经系统的支配下，牵引骨关节产生运动行为的活动。骨骼肌具有一套复杂的结构，并有丰富的血管和淋巴管分布，受一定的神经支配进行收缩，产生神奇的动力。

练拳术的肌肉力量，就是练骨骼肌。骨骼肌的肌腱附着在骨骼上而且是成对的出现，紧密结合的肌腱纤维如同橡皮筋的功用：人的形体动作需要一块骨骼肌朝一个方向移动骨头，另外一块骨骼肌朝相反方向移动骨头，以骨骼肌的拉扯来完成动作，这些肌肉通常随意志收缩，是得到人的神经系统指令。肌肉的松紧缩放帮助人对抗地心引力，肌肉收缩牵引骨骼而产生关节的运动，使人能有走路、眨眼、手指捏住极小的物体等行为能力，人每天的日常生活中有600条肌肉互相合作，协助人体度过每一天。

建议高中时期的人采用仰卧起坐训练腹直肌的力量，腹直肌位于腹前壁正中线的两侧，上固定时两侧收缩，可使骨盆后倾，即收腹；下固定时使脊柱前屈。腹直肌比其他肌肉更易消退，缺乏运动时腹肌松弛；营养过剩时腹部脂肪大量堆积而下坠。腹肌下坠是人体健康水平开始下降的标志，而腹直肌发达是形体有力量的标志。还要通过深蹲练骶棘肌的力量和股四头肌及胫骨前肌的力量：（1）骶棘肌位于脊柱两侧，是背部一块脊柱伸肌，像两根大立柱从头部的枕骨到脊柱的骶骨，下方固定时，两侧同时收缩，使头及脊柱伸展、抬头、挺胸、塌腰，一侧收缩时使躯干向同侧屈。（2）股四头肌位于大腿前表面皮下，有股直肌、股中肌、股外肌、股内肌这四个头，是人体最有力的肌肉之一，拳术中大腿的屈和小腿的伸，以及由下蹲到站立的动作都由股四头肌牵拉股骨完成。（3）胫骨前肌位于胫骨外侧，在近固定时，使足伸屈、内收和外展；远固定时，拉小腿向前，以维持足弓。

例如，修炼上肢骨肌系统与关节的拳术能力，要懂上肢骨肌系统的解剖与关节功能，根据骨肌所蕴含的生物力学，修受力时的最佳状态，练上肢骨肌结构力学的能量：（1）修炼肩关节环转，获得肩部的运动能量。肩部是多关节复合体，要以肩尖轴向旋转为上臂拳术的瞬时旋转中心。多练肩部的内收和外展，增强肩关节周围肌肉对关节面对合的作用。练好肩胛与胸骨连接的肌肉、韧带，让胸成为肩部强有力的后方。（2）练肘关节的屈曲、伸展，增强手臂屈曲和伸展的限度，提高肘部屈肌和伸肌的效能。练肘部的前旋、后旋功能，增强手臂的拨转能力。（3）练腕关节旋转运动，掌握旋转的分劲。

教授高中时期青少年武术的老师必知：（1）高中生练拳习武与军事训练，是加强全民国防教育的需要。高中生既有较高的科学文化知识，又年轻力壮，他们是国防兵员的主要来源，兵员的质量关系到国防能力的强弱。在高中时期加强练拳习武与爱国主义的教育，激发高中生保卫祖国的责任感。（2）教拳要面对不同的学生，在理论上诲人不倦，找出学生身、法、步容易出现的毛病，把拳术知识、经验、技能、道德、毅力、谋略、热心、忠实、眼光教给学生。

第五节　大学时期的拳术训练

大学时期（19～22岁）思想在成熟，可研究人体生命和自然的关系，从中医的解剖上弄清自身躯体的生理状况，顺应自然，从而获得幸福。大学时期训练技击类拳术，明白肢体关节的生理功能，使武术训练顺应生理运动规律，充分发挥四肢百骸的最大行动能力，并从心理上掌握运动之中技击取胜的阴阳变化。大学时期是训练技击的最好时光，容易理解和掌握中国特色的技击奥妙，是将武术发扬光大的年龄，是竞技比拼的最佳年龄，最适合参加竞技比赛。可优选一批有国家利益高于一切思想的爱国青年，练上乘的传统技击本领，经过1～3年的艰苦训练，智无不周、勇无不生，练好本领，等待祖国召唤，凭借技击本领为国争光。

大学时期的拳术训练要研究生命现象、生命活动的本质、特征和发生、发展规律，以及各种生物之间和生物与环境之间的相互关系，修上乘的武功仅靠勤奋刻苦的动作训练，修炼物质世界的身体是远远不够的，还要修炼思想，用心内顾自己每一个动作的内涵，用思想诠释智、仁、勇的能力，求索拳术知识的新领域，温故而知新地反复琢磨老师所传，触类旁通地明白当下所修武艺的学问，有理可依地练出自己的拳术风格。人们练习同样的拳术动作，在体能和技能上可以练到一样高的水平，但人体生命体能和技能是有限的，而人对拳的认识有无穷的深度，思想丰富能够产生进取的力量和速度，好的思想方法能够使拳技更加精益求精。

大学时期拳术训练的主导是腰与足：上体的运动枢纽是人的脊柱和腰部，传统的拳术非常注重腰功的训练，并把人体的脊柱和腰部周围称为龙腰。心意六合拳的龙调膀拳式，将人体一分为三：头颈为上段，躯体为中段，脚为末段，要求颈和腰犹如安装了轴承，让躯体以脊柱为转轴，旋转到生理允许的最大角度。身躯好似木工的扯钻一样，浑身一左一右进行180° 拧转。这种躯体的大质量拧转，如同人们日常以最大的力量拧毛巾，毛巾受到最大的拧转后储蓄了相同的反作用力，必将产生大能量。

大学时期的拳术文化：得“道”是符合宇宙螺旋运行规律，拳法常以退为进。例如，认识山路有蜿蜒有曲径、滑雪场是弯道、黄河有逆流、长江有回旋等，用拳符合“道”是借重力作用的“最速曲线（等时曲线）”，引出由螺旋、重力、惯性力、位能、势能、速度平方产生的拳“道”，把位能变成动能与势能。例如，拳法的坐胯是全身在有限的垂降距离里达到最高的重力加速度，既运用了重力，又运用了惯性力，重力与惯性力是有重量的力，用上几成足以击倒对手。

拳术的攻防物质是身体的质量，拳术的攻防能量是四肢百骸运动及速度产生。拳法的“最速曲线”主要是坐胯，使浑身上下的质量借重力加速度及惯性力同时达到作用点，保证全身的劲集中在一点。

古战争中有矛就有盾，用拳要掌握矛盾对立统一的规律，摸索拳法在矛盾对抗中得到即时、合理的变通，拳术会逐渐达到一通百通的进步。

大学时期练拳要研究人的生命运动，练拳的主体是人，人有五脏六腑和四肢百骸。练拳的客体是训练方法，完成拳术动作的是骨骼肌的收缩与骨关节的运动，将人的肢体关节比喻为机械部件，所有的关节均有机械运动的功能，练关节最大拧转角度、弯曲角度。练拳要学习运动解剖及中医学的基础理论，运用中医整体修养的文化，认识到练武中形体运动时内脏也没有闲着，训练身体内、外的相互促进。练拳要学哲学和心理学，把多科学知识灵活运用到拳术修炼上来，再结合信息与技术方面的经验提高拳术训练的养生效果，提高拳术的战术。练拳要认识到神经元的奥秘，人出生就有先天带来的正确的本能反应，先天就有正确处理生命事物的奇特现象。例如，人都是从母体中生养出的生命，人出生之前在母体的羊水中，肺腔内没有空气，只有羊水，此时的肺是瘪的。肺功能转换之迷发生在胎儿与母体分娩过程，母体与胎儿分离的一刻，胎儿必须把肺中的液体排走，使瘪肺能张开，吸入新鲜空气中的氧分。所以，人生下后第一件事是大声哭叫将肺腔羊水排走，吸入空气中的氧分，哭是生命的需要。产科医师有时遇到出生时不哭的胎儿，会用打屁股的方式使胎儿啼哭，由啼哭完成人的第一次呼吸，直到生命灭亡，呼吸才会停止。

人类由动物进化而来，人与动物身躯都可能强壮；内心世界与思想文化是人类独有的。但是，人的思想境界是动态的，人心的欲望太高常常很难满足，就会心神不安地到处乱跑，被称为“心野”。由此，人们常说，“要安心地工作”“要安心地学习”等。安心并不是说说而已，世界上的宗教文化就是为了让人心安定的文化，因而宗教的寺庙成为人心灵的乐土与休息场所。

研究为人们安放而谋化心灵是世界哲学上的难题，中国古代思想家孔子提出仁心，儒学安排心的着落是教人心安放在心里，让心寄寓某人、某事、自家、国家等，例如，儒学把父母的心走向子女的心里叫作慈；子女的心走向父母的心里叫作孝；父母和子女的心相互走向彼心，心有相互关心的事可忙，就不再乱跑。仁爱是孔子思想的伟大之处，产生龙文化独有的中国心、慈母心、孝子心等。人类最大的进化是内心世界的觉悟，包括对遵纪守法的觉悟，遵守法规是人类独有的。人的善、恶是欲望导致的。人心向善可助人为乐，人心向恶会损人利己。

练拳要守住一心行正道，懂得拳术的阴阳变通，改变技击比赛常出现的低智能、高体能的比拼。练拳要定实在的坐标和起点，修精神世界的生命能力，这种能力表现在人的智慧和思想的建树上；

修炼人物质世界的生命，这种生命的能力表现在人的身体强壮，关节的运动水平和内脏功能都旺盛。

心意六合拳《谱论》第一句话是：“夫武艺者，言其和也，而和之中智、仁、勇具焉。”拳术以和汇合能量。例如，刘邓大军在解放战争中百战百胜，主要是人的和合，刘伯承司令员与邓小平政委在整个解放战争中做到了和合，他们部队文官与武将协调一致，并发挥了军队与民众之间和合，民众形成强大的后方补给队伍，民众运送弹药，照顾伤员，军民一体，同心同力才有百战百胜的刘邓大军。

本书的拳术套路都适合大学时期的人训练，并可训练内功和技击内容，掌握技击的出入动静之法，随时准备用真才实学为国争光。

教授大学时期武术的老师须知：（1）大学生练拳习武与军事训练，是加速军队现代化建设的需要，随着军队武器装备的现代化，大学生用高学历的知识去理解兵法，掌握高科技的军事装备。中国有几千所高等院校，几百万在校学生，让学生把练拳习武与军事训练结合起来，掌握一定的拳术知识和军事技能，是寓兵于校。一旦战争发生，将会源源不断地满足兵员的需要。（2）拳术教育的横向部分含德、智、体的要素，纵向方面包含传习性教育、独立性教育，懂得拳法的奥秘可提高学习方法。（3）在大学时期的人群传播技击，要挑选道德修养好的人，不给社会带来危害，学生要保证遵纪守法，不恃技为歹，不恃技寻斗，不眩技逞勇。师生要爱国、爱民，不做有辱国格、人格的事。老师引导学生独立自主地学拳，学会从矛盾中了解拳术事物，使学生成为一个有拳术真才实学的，被社会所认可的拳师。

老师与学生共同遵守保健常识；师生早睡早起不熬夜，睡眠要达到8～9小时；思想健康，用好心情练武；饮食的营养结构要合理搭配，规定饮食的量是八分饱，饭前、饭后半小时不许练功，口渴不暴饮；讲生理卫生，注重季节冷暖的保健。女性练拳者要注意经期的保健，避免积久成疾；练功前后做一些热身运动，有效预防肌肉韧带的损伤。练功流汗不贪凉，不立即洗澡；练功再累，不张口呼吸，保持气息平静。

大学时期的人练武术修心，建议学习《周易》《孙子兵法》《黄帝内经》等国学文化，按照国学文化修炼人的内心世界与身体能力的和合，每个人都通过努力成就不同的卓越，创造不同的成功。成年人学拳，不能够凭一时对拳术技击的兴趣，不能够草率到想学就学，不想学了就目中无人地对待老师，对这种无情无义的人，心意六合拳古《谱论》提出："宁可遗失，不可乱传。"

第六节 年富力强时期的拳术训练

人到中年学拳不晚，只要抓紧博学、正心、养生命能力，肯定能练出上乘的技击本领，历史上有人37岁开始练拳而成为大师的。人在年富力强时期筋骨隆盛，正是开始习练武术实战的黄金时期，根据武术的体质类型学，针对人的不同体质，确定该先练哪一些拳术动作，明白练哪些动作能发挥自己的运动才能，不浪费时间。否则，盲目练拳，是少年易学老难成。

例如，腿长的人，髋骨窄，适宜练快速动作；虎背龙腰的人，肌肉发达又富有弹性，适应从事力量与速度相结合的动作训练；肌肉粗壮的人，体格魁梧，适宜练力量大的武术动作。年富力强时期的人练武术，使身躯更健壮，智能和体能更旺盛，工作和学习方法更好，提高生命质量，更有能力关心自己喜爱的人。

年富力强时期的人都是用闲暇时间习练武术，马克思给闲暇时间下的定义为："闲暇时间是满足绝对需求所需要的劳动时间留下的从事其他活动的时间，是劳动者用于消费和用于从事自由活动的时间；是为全体社会成员本身发展所需要的时间。"中国人自古就有"一寸光阴一寸金，寸金难买寸光阴"的至理名言，教人合理地把时间预算好、利用好。将拳术服务于生活是避免蹉跎岁月的好方式，好的拳术有品位，训练起来乐在其中，逐渐掌握技击的奥妙，让人心旷神怡的练拳术，促使生活更幸福美满。

闲暇时间为人民丰富精神文化生活创造了条件，但有些人将宝贵的时间沉湎于打扑克、麻将，甚至有人以牌赌博，这种行为成了"精神鸦片"，难戒；有人过度追捧歌星、影星、沉迷网络游戏等，把自己的精神填空，白白地耽误时间。过度让光阴流逝是亏待自己，不如抽些时间习练武术。年富力强时期有的人应酬比较多，繁忙之中练武术要以养心、养精气、养血气、养脏气为主，要做到劳逸有节。

年富力强时期人的武术训练目的是强腰壮肾，祖国医学称人体的肾是人的先天之本。人由卵子受精诞生生命，首先形成的两个小点就是人的肾脏，相继生长出两根上循线，产生眼睛（人类采集信息的窗口）。肾是先天之本。年富力强时期适合练易筋经（强身房事养生功）：站立式，两双脚与肩同宽，脚趾扣地，膝盖挺直，股骨内夹，髋关节放松，由头部开始往下逐渐放松，眉喜，眼笑，唇放松，做腹式呼吸，有配偶的成人每次吸气充实下腹，力达阴部，不可强求。有生殖机能后天障碍者，只要不是器质性病变的功能障碍，每天起床时由膝部向腹部按摩大腿内侧五分钟，在练习中如遇起阳，禁止立即过夫妻生活，有利于培本。

年富力强时期练内五行，开发个人潜能。传统武术要得精、五行明。拳术中的五行学说与阴阳学说，是以元素论为基础，以朴素的唯物论和自然辩证法认识世界。拳术的五行为金、木、水、火、土，内对五脏："心属火、心急、勇力生；肝属木、肝急、火焰蒸；脾属土、脾动、大力攻；肺属金、肺动、阵雷惊；肾属水、肾动、快如风。"外五行的心手通属火，鼻尖通属金，火到金回，亦自然之理。

本书的武术套路都适合年富力强时期的人，重点练人体上下、左右、前后、内外的沟通能力，调和阴阳、气血，气为阳，血为阴。人身体强壮不等于有武功，武功能调和阴阳、气血，增强内能力。还要训练身法的"三回九转是一体，左右转动不停势"。圆运动不仅使身体灵活，练出武术的整劲，还可延长进攻威力的后续劲。

例如，手与脚好比是躯体的卫星，行走中的两脚没有前后之分，交叉运动中随时产生一种剪刀的威力，腿的劲如同卷地风，由下向上由膝推动足的45°弧线运动，产生直线攻击。

年富力强时期的武术文化：古哲学的方圆学说不是指形状，而是以静测动的方法，相对运动的两个物体，取一个物体为静，来计算另一个动的物体，这种方法能够快速正确地认识事物。方与圆是一个整体，正则方，奇则圆。练武以方正为本，动作用到技击时应该以圆出奇。把武术能力分成两份，方是人在物质世界的身体，有棱有角；圆是人的内心世界。身体的能力和内心的能力是武术的总能力，方，就是明白身体及手脚在武术运动中有四面八方的劲力，产生防守与进攻动作及劲力变化，大有身体四面八方，小有肢节四面八方，如手臂有内侧、外侧、尺侧、桡侧这四侧；圆，就是训练四面八方的劲力和可上下、左右、前后或斜左上、斜右上、斜左下、斜右下、前抽、后钩等变化。实战中懂得对手的劲力并顺对手的劲力运用阴阳矛盾借力打击对手，这些劲都以方为本，由圆在最佳力学角度上发挥出奇。这种比例的武功既有进攻的棱角，又有八面玲珑的变化，变化无穷是依靠智能，勇猛过人是依靠体能和技能。方与圆也是做人的本领，方是规矩、圆是灵活，灵活不违反规矩，是为人处世的很高境界。

修心养性：修心养性要不被七情所惑，中医的七情是指与思想相关的喜、怨、忧、思、悲、恐、惊，人正常的情志活动中“五脏化五气，以生七情”。七情太过会成病因，影响人体健康：过喜则气馁，乐观可长寿。在气血调和中，过喜则伤心，暴喜伤阳；过怒则伤肝，无论是表现出的还是压抑在心中的怒，均会使人的精经受到极大的刺激，忧愁可导致多种疾病，过度的悲哀，可使人心神动摇，沉重的悲痛，可使人狂妄，或胁痛，手脚抽筋挛缩，过悲可损伤人的意志和精神。人在悲哀时为了身的健康，将情绪转移。人受惊会心惊肉跳，重则呆若木鸡。总之，修心养性是修积极的情绪，提升智慧的能量。

年富力强时期的人练武术，要认识武术有练功、修身、增长武艺这三大块：（1）练功是武医结合的修心养性，要做到严格自律地修炼自己本体质量和能量。要用拳术知识练心、身能力的增长，最好的方法是在慎独中训练自己的内能力。（2）修身是自觉地修人本体的质量和能量，修练五官聪明，用拳术保健防病、强身、美容、美体、养气血，提高生理功能去获得精神快乐和生活质量。（3）武艺是所练的武术本领的使用，武艺是本体的心、身经过修练产生出武术实战的可用之技，拳招及拳术的变通能力是可与人讨论的艺术，技击取胜的快乐可与人在对练中摸索，技艺可用秤衡量或用标尺评判的外能力。

武术修人的道德水平和人性，学习以温和待人，遇到危难时用内心的智慧化解危难，人性常因为必然的困难、惊愕、焦虑或不高兴等原因，造成心理压力和沉重的思想负担；人的心理压力可因战争、地震、水灾、火灾等天灾引起，哪怕是面临一次考试或考核，自己生病或家人生病，如果不能正确对待，就会背上沉重的思想包袱，压力已成为现代世界流行病。压力的应激反应首先是在人脑中产生，哪怕是一个轻微的恼怒情绪，大脑也会分泌出更多的应激激素，使呼吸系统开始扩张，以便为大脑、心脏和肌肉系统吸入更多的氧气，血管扩大，心跳加快，血糖水平升高。

年富力强时期的人心理养生很重要，抑制人生下来就有的贪婪、疑心、嫉妒等心理秉性，树立高尚的道德情操。练拳术与人的心理活动有十分密切的关系，心情好，人体的生理功能处于最佳状态，而心烦意乱时，人体的生理功能会随之下降，甚至会引发多种疾病。练拳从精神状态上让懒惰的人变为勤奋。勤奋会增强乐观和战胜困难的信心。心理养生是从人整体出发，把培养正气摆在首要的地位，“正气存内，邪不可入”，被别人和疾病欺负的原因，都是人的正气虚，外邪才有隙可乘，若正气充足，精神威武，外邪不敢入侵。

建议：成年男士多训练俯卧撑，给身体提供向前伸展的力量和肌肉记忆，减缓生理老化，增强腹肌的记忆功能并获得中节传递拳劲的能力。俯卧撑练法：两手垂直于地面支撑身体，两腿向身体后方伸直，依靠两手和两脚尖，保持身体平起平落的平衡。训练中屈肘向身体外侧弯曲时身体平落，肘推直使身体平起，收紧腹部使髋关节与小腹和背脊形成一体。卧练也可增腹部按摩的经络锻炼。

教授成年人拳术的老师必知：自身加强人体工程学武术知识的学习，向学生传授与武术相关的人体生理学和心理学知识、人体运动力学知识，按养生之道练身体，提高生活质量；按拳术技击的顾、盼变化掌握技击比赛的奥妙和变通，与成年人交流前人积淀的技击奥妙。

第七节 体力劳动者与脑力劳动者练拳有所不同

社会的责任使国家公务员以及从事教育和科研等的脑力劳动者，经常进行持续紧张的思维活动。特别是一些长时间在室内伏案工作的脑力劳动者，体力活动十分少，对机体健康有潜在的影响，由于长时间大脑相关部位高度兴奋，脑组织中产生的生物化学变化和代谢废物堆积，表现为工作能力下降，出现注意力不集中，思维变得迟钝，偶有头晕头痛，经过休息可得到恢复，如果经常反复，就会引起神经衰弱等精神疾病。长期坐位工作，肢体活动有限，会降低骨骼肌的张力，使心肺功能减退，胃肠蠕动减慢，消化能力下降，长期下去，有可能会发生高血压、冠心病、糖尿病、颈椎、肩肘病等病症，因此国家为脑力劳动者编排了广播体操。脑力劳动者应保持一定的武术训练，以武术的体能活动修正生理功能，以武术的医理修正生活方式，从作息规律上使身体素质获得协调，使工作能力更强。

脑力劳动者可学练本书介绍的任何拳术套路，再结合一些像八段锦、易筋经等养生功法，这类锻炼方法是运动性休息，可帮助脑力劳动的人改善神经活动功能，使思维敏捷，提高心肺功能，使他们不感到工作过分紧张，达到处事乐观、态度积极、精力充沛的效果。以修性调整心理并使大脑皮层放松，以拳术的养生缓解精神压力。练拳术同时练武医结合的五禽戏。《黄帝内经》有“目不劳，心不惑”“游行天地之间，视听八达之外”的养生明目手段：经常静心闭目片刻，以两掌轻捂两眼，两肘支撑在桌子边沿，全身肌肉尽量放松，30秒钟后，睁眼闪眨多次，每日做2次。此法能改善视力，特别适用于脑力劳动者。脑力劳动者的拳术技击本领训练，多做关节修复运动，多做自身重力线通畅的健身运动，增加乐观豁达的拳术理论的学习与实践，多练起落把等套路，摸索自己的技击风格。

脑力劳动者往往是高收入人群，武术老师的拳艺得之不易的，不少高水平的老师由于专心研究武学，影响了经济收入，建议应该根据老师的师资水平交合理的学费。

科学的发展使体力劳动者的工种越来越趋于固定在某种姿势上进行，容易引起人体机体组织局部疲劳，产生职业病。人在紧张而持久的劳动中，局部肌肉中的氧气和营养物质消耗过多，形成乳酸等代谢产物在肌肉中堆积，刺激神经，产生疲劳感。这只是一种生理性疲劳，经过适当休息可以得到恢复，但是长期反复，可能发展为局部劳损的职业病。例如，打铁工人的手臂，翻砂工人的腰，网球手的肘，都容易造成局部疲劳性损伤，相关肌肉和关节组织在劳动中超负荷，属被动或强行运动，使肌肉等组织过分疲劳产生萎缩及疼痛。体力劳动者的拳术训练应该以主动灵活的全身性活动为主，促进血液循环及加强机体的新陈代谢，增强体质。其次是修练应激反应能力，应激反应是人类的本能，人面临危险时准备逃跑或为生命而战时，体内的肾上腺开始分泌压力激素，加快身体采取行动的准备，此时的血压开始升高，心跳加速，血液由腹腔转移至两腿，以便跑得更快，瞳孔扩大到视野开阔，人体各系统行动起来，蓄势待发。肾上腺应激素的分泌是兴奋剂，兴奋过后会留在体内，残留物会损伤健康的心脏细胞，并损害免疫系统正常功能，增高血糖含量，甚至造成骨头薄弱导致骨质疏松症。可怕的是应激激素会伤及脑部记忆功能，压力使人感觉很难受，降低工作效率，影响生活质量，对身体健康有很大破坏性损伤。练拳的人要有胸怀，学会放弃是一种宽容，放弃愤怒的冲动，放弃报复的渴望，是人成功的要素，学会宽容要放弃进攻的言词，甚至放弃解释。

体力劳动者要关心自己的生活空间，让生活充满阳光。万物生长靠太阳，阳光是生命必不可少的宝贵资源。依靠阳光修炼性命，以天然的紫外线杀菌抗病毒，温暖的阳光不仅使人精神愉快，而且有利人体钙的吸收。在室内放一盆兰花，每天可以将屋内的一氧化碳和其他有害气体吸收干净；观叶植物的剑兰能够吸收屋内70%有害气体；美人蕉能吸收二氧化碳与氯气；腊梅、玉兰能减少空气里的汞含量；石榴能降低铅含量；月季花能吸收空气中的氯；仙人球、君子兰、水仙、昙花等夜间吸收室内的二氧化碳。

本书向体力劳动者推荐龙调膀的定桩，该定桩对腰肌的拉伸帮助很大。再选择单把、双把、穿拳等拳术套路进行训练，可帮助体力劳动者恢复体能，改善神经活动功能、心肺功能，使练习者感到精力充沛。体力劳动者练拳术的技击本领，要重视练两腿与膝关节蕴有人体上下运动的弹力。例如拳的弓箭步，臀背如弓，脚手如箭，臀背的动才有大质量产生的整劲。练下肢的灵活只练了七分拳术本领，再结合单把、双把、穿拳等套路的训练，可实践技击比赛的快乐。

体力劳动者要认识生命规律的练拳术养生，懂得在日常生活中讲究卫生，勇于改正不良的生活习惯。练躯体要明三节、三弯、三心、三意，练身法三尖相照；练骨关节运动能力要训练左手使用右手，右手使用左手。例如，武艺上的后手使用前手提肘术；懂得人的形体运动时内脏也没有闲着，体内五行养人的精、气、神，要按古代神医华佗“流水不腐，户枢不蠹”的理论提高免疫能力，降低患病风险。体力劳动者应该懂得人的经络锻炼：经络锻炼是有计划地去激发经络系统，达到精力充沛、防病治病的目的。

心脏功的经络锻炼是自我按摩合谷穴、内关和外关穴，每日每个穴位按摩100次。合谷穴位于第一、二掌骨之间，在第二掌骨的中点、桡侧边缘。按摩合谷穴的方法：拇指屈曲垂直按在合谷穴上，做一紧一松的按压，频率约为每2秒1次，即每分钟30次左右。重要的是按压的力量需要较强，穴位要出现酸、麻、胀，才能起到防病治病的作用。内关穴位于腕横纹上两寸，按摩内关穴使全身的气血通畅。

体力劳动者的心脏功能测试：1分钟内，向前弓背弯腰20次，前倾时呼气，直立时吸气。弯腰之前先测试记录下自己的脉搏跳动次数，与做完运动后的脉搏跳动次数对比，运动结束后1分钟再测脉搏跳动次数，将以上脉搏跳动的次数相加，减去200，除以10，所得数是：3心脏功能极好，3～6良好，9～12较差，12以上的需要去医院做心电图检查。

武术文化：学习中医经络理论、中医按摩中医骨伤科知识、中医急救方法及野外救护、护理知识。认识膝为大腿与小腿的枢纽，应能催腿部力量达于足部，既能帮助足部稳定重心，又能承受反作用力。

例如，两膝下蹲，气势“收如伏猫”，可避免倾斜而倒地，也利于进攻。

第八节 老年时期的拳术训练

老年人练拳是为自己的健康雪中送炭，人到70岁以上，身体明显衰老，肢体关节的韧带逐渐僵化，体力和抵抗病邪的能力也在下降，但是坚持以拳术按摩经络，可提高防病的能力，防病可以说也属于自卫。老年人的钙等矿物质逐渐流失，骨头虽硬但脆，容易骨折，所以老年人的拳术训练要简单、朴素、合乎自然，学以致用。还更要均衡饮食，多吃一些牛奶、鱼类、蔬菜及豆类食品，适当补充钙、磷、维生素D等养分，获取均衡的营养。老年人练拳术，以武医结合的养生为重点，从日常生活起居行为修养精神愉快，练太极拳是预防早衰和延年益寿的最佳选择。

老年人的拳术训练包括讲卫生的预防疾病，纳丰富的营养，以旺盛生命力达到驱除病邪和延年益寿为目的。老年拳术增进人的自救能力，掌握武医结合，调节人体阴阳平衡，获得身心健康。当代医学在大病的诊断、流行病的防疫、坏死组织的手术、重症疾病的抢救上是权威、可信的。但每6名住院患者中可能就有1人是医疗失误。人90%的疾病可用经络锻炼进行自救，或经过营养调理提升胃气，提高免疫力而达到痊愈，符合中医倡导的“三分治七分养”的理念。

老年人经过漫长的人生，正在享受退休、离休的生活待遇。植物生长的发芽、开花、结果，目的在于生命的繁殖；动物的奔走争夺、求食求偶也是为了生命的延续；人有思想，有丰富多彩的文化生活。人体虽然在衰老，仍然老有所乐、老有所为。人们常说人老心不老，老年人的拳术锻炼，使心的能量比躯体的能量大得多，心会激活老年人对生活的激情，内心想把身体练好，去做心里想做的事，多半会达到期望的目的。

例如，老年人为了健康而坚持晨练拳术，散步到集体晨练的场地，相互交流，增进人与人的情感，为了防病祛病和延年益寿练自己喜爱的拳术动作，肢体得到了良好的训练，肺吸收了许多新鲜空气，眼睛观看到了美丽的自然和人文，耳朵听到鸟语，鼻子闻到花香，此时回味人生的心情收获，身心受益。

老年人的精神衰老比躯体衰老更应引起重视，容易出现思维活动迟缓，理解能力减退，注意力不易集中，对外界反应的敏捷度显著降低，性格变化，情感平淡，情绪不稳，小事生怒，固执保守，孤僻自私，易于伤感，记忆减退，健忘，动作迟缓，笨拙，步履不稳，手足颤抖等现象，拳术锻炼能缓解老年性的大脑皮层及各种神经细胞的退行性变化，增加脑血流量和脑的摄氧量，减少老年性忧郁，延缓衰老。

老年人练武，要重视人体经络运行，调气、调息及卫生习惯等相关的武术医理。训练要简单、安全，提高生活质量，建议老年人训练健身操、按摩功、足疗功，这些功法对人的中枢神经系统、植物神经系统、内分泌系统、免疫机能、心血管系统、代谢机能都能起到良好的调节作用。中医认为，阴阳不仅创造了生命，而且阴阳调节得体可救护生命。老年人应科学合理地练八段锦，并且根据经络、足疗、手疗知识加强保健。

老年人是受人尊敬的长者，无论年龄多高，都老有所乐。老年专心玩味拳术，应总结人的生命规律和人生经验，并归纳以训后人。

“人老腿先老”的道理人人皆知，练鸡腿之人，虽老而仍能健步行走，手足灵活有力，就连打人也如走路一样轻松自如。所以老年人要加强两条腿的运动，睡觉前练大象步有助于平稳血压，预防突发性心脑血管疾病。循经按摩的经络锻炼，可调节人体阴阳平衡，通过锻炼调理、促进机体活力。经络锻炼与循经按摩方法多种多样。老年人练拳术以慢步、稳步的动作为重点，可延缓下肢关节韧带的僵化及器官的衰老。推荐宋代流传至今的保全元气法：一者少言语，养内心；二者辟色欲，养精气；三者薄滋味，养血气；四者咽津液，养脏气；五者莫嗔怒，养肝气；六者美饮食，壮胃气；七者少思虑，养心气。

本书不舍弃老年人的拳术训练，书中的套路都可训练。建议老年人注重拳术的调息、调心、调身，通过三调防治一些慢性疾病，并推荐以下动作和内容供老年人练习。

一、挺胸跨肚式转腰：两足自然站立，距离略比肩宽，两手后托腰背，均超过腰脊中线，然后回抽，四指按压脊椎，以食指为下线向前挤脊椎骨，拇指扣在带脉形成挺胸跨肚式，两手护腰左右转动（图217）。

图217

二、揉腹训练：两足自然站立，右手掌心紧贴肚脐，左手重叠于右手，顺时针揉转30圈，逆时针揉按30圈，然后以两手拇指按剑突，并由剑突向下按摩7次（图218）。

三、摩肩训练：自然站立，右手摩擦左肩，左心托住右肘，使右手尽可能按摩肩部以下的背部，摩擦以15次以上为宜，左肩摩练后，稍休息20秒左右，两手互换，摩擦右肩（图219、图220）。

图218

图219

图220

四、推拇指训练：全身放松，右手拇指围着左手拇指根关节推摩，以50次以上为宜，左右手相换按摩（图221）。

图221

五、推磨训练：先左手抓紧右手，手掌平行于地面，由右向左推拉划圈，30圈以上。随后右手抓紧左手，两手掌平行于地面，由左向右推拉划圈（图222）。

图222

第九节 高龄人的拳术训练

“墨非蒙养不灵，笔非生活不神”，高龄人最能理解文武之道，凭人生经历就可以当低龄人的老师，应该受到低龄人的尊重。有的高龄人练了多年拳术，甚至练出了精湛的武艺，就应该总结练精湛武艺的方法，绵延给子孙后代，懂得什么样的人有可传承技击实战本领的天赋。高龄人把科学的拳术思想传承给后人就是人生的化境，留下光辉、永远的生命力。再精湛的武艺总有一天会随着生命而消亡，所以面对武艺的习练要以和为始、以和为终。高龄人为了健康生活学练拳术，一开始就应着重训练吐、纳、呼、吸的调息，可以储存体能。其方法应首选腹式呼吸方法进行吐纳训练，腹式呼吸收敛或扩张可促进腹腔组织末梢神经的活跃，改善心肺功能，消除疲劳和提高生活质量。

建议在晚上睡觉前或早晨起床时练腹式呼吸：仰卧，两腿自然伸直，力贯于足底，两手自然伸直，力贯于手心，做深呼吸的腹式运动，腹部一张一缩，10次为一段。练腹式呼吸不是练气功，是练提升肺活量的养生。人的胸腔有日夜不停工作的心脏和肺腑，腹式深呼吸使胸腔空间向下扩展，胸腔的增大使心脏和肺腑的工作环境变得宽松。腹式呼吸还增强腹腔肌群所需的压力，膈肌升降就是内力按摩内脏。

十大真形是长寿拳，在上海仍有不少90多岁的心意老拳师在传播拳术，心意拳修人潜在的生命毅力，养人物质世界的生理气脉及生命能量，高龄人练得眉喜眼笑，都能够起到笑容修性的作用。

高龄人练拳时重心不要压得太低，以膝关节微屈为宜，也不要刻意追求某个动作的标准，量力而行可避免膝关节受伤害。本书向初学拳术的高龄人推荐重心最稳又不屈膝的大象步。具体练法：起床后，身体自然站立，如果站立有困难，可用手扶桌子等方法帮助站立，两腿蹬直，膝关节挺，足趾下扣，两足慢步交换，训练10次为一段。配合按摩4个穴位的经络锻炼，选穴为内关穴、外关穴、合谷穴、足三里穴，用揉压手法以50次左右为宜，可预防许多慢性病。

高龄人拳式变为贴身的小架，训练中用灵活多变的手与身体相互摩搓，循经按摩躯体能够提高人体抵抗力。

大象步练法：自然站立，全身放松，下肢用力伸直，两足跟部蹬力明显，足趾用力下钩，上肢用力下伸，两手握拳拧转，拳背贴于大腿外侧，以此状态行走。行走的两足略宽于肩，两肩下沉，两手往下使劲，左右腿交替抬起，并移动重心，两膝盖绷直，足趾扣地。两腿把重心一左一右地转移，足踩实地直腿行走（图223）。

图223

接上式，手三节向前后、左右、上下联动，动的过程象形于大象的鼻子，产生收缩劲和扩张惊起的撩阴手，并能在身体正面的纬度和经度上顾，借整体运动的惯性，举一反三地保护身躯（图224）。

图224

拳理：脚步模仿大象四平八稳的步伐，引浊气下行，预防脑部疾病。手法模仿大象的鼻子，取象的稳重，理随于行的简单，其法适合高龄人。

向高龄人推荐预防老年痴呆的嘴唇功：睡觉前模仿婴儿初生于世的本能，即模仿婴儿吸奶的嘴唇和舌尖动作，能够刺激大脑神经的活跃，减缓人因年老出现的脑萎缩。这种嘴唇功结合腹式呼吸，采集口中津液，可帮助高龄人修炼生命的能量，李时珍认为津液可灌溉脏腑、润泽肢体、祛病延年。

第十节　特殊人群怎样练拳术

特殊人群是指身体和智力有缺陷的人群，包括慢性疾病人群。当今中国有6000多万残疾人，他们身体某一方面都有不同程度的残疾，特殊的自身环境影响到日常生活和生存能力，但是他们同样可以受益于中华武术，可通过特殊的方法强壮身体。

特殊人群是中国拳师应该特别关心的人群，用科学的拳术训练方法帮助他们实现身体健康，用特别的拳术训练方法代偿残疾人的缺陷，一些智障的残疾人可通过拳术训练激活人体神经元。邰丽华女士就通过舞台创造了残疾人的艺术之路。伤病员可用特别的拳术训练方法改善生理功能，创造病后康复的奇迹。

心意六合拳预防疾病是行之有效的，防病也是自卫。许多病是因为不讲卫生造成的。拳术含有适应人体生命规律的人体医学卫生知识、人体物理与能量知识，人们习武练拳的目的是防病健身，拳术训练确实有这个效果。特殊人群的武术习练应该着重训练养生武术。

下面向特殊人群介绍脊柱旋转法。

立姿脊柱旋转法和坐姿脊柱旋转法都可习练，通过这种习练可改善人体的微循环，充实生命能量（图225～图227）。慢性疾病人群应该正确评价自己的健康状况，明白功法怎样习练才适合自己的养生，许多训练方法都可进行矛盾分析，然后选用和健康状况有密切关系的功法。

图225

图226

图227

残疾人练武，身残志不残；病患者适当进行武术训练可提高免疫力和思想意志，恢复体能，战胜疾病；体弱者更需要通过科学的武术训练，促进身体强壮。武术与人的生活息息相关，特殊人群可练床上易筋经及经络锻炼。人生活中品拳有高品位和低品位的不同，高品位的品拳，品出生活有精致的情趣；低品位的品拳，属于轻狂而燥率的人，表现出人生愚昧无聊、生活低俗；品拳如同品茶，不懂品茶的人端起茶杯就咕噜一口气喝下去，品不到茶味，懂品茶的人沏上一杯茶先看茶叶在热水的浸润下展开，再端起茶杯闻茶香，然后用舌尖将茶水苦中带甜的味道沁入心扉。练拳有“诚意、正心、修身、齐家”的目标，属于高品位。只求力量与打法，缺乏智慧与人的内能力的拳术肯定不如外国的拳击，甚至不如一般的体育项目，属于低品位。

练拳健康生命历程，人是自然环境的产物，练拳要遵守自然规律与人的生命规律，练拳要“知几、拟议、明断”，了解自我、发现自己的差异、确立练拳目标，用心去练趋利避害的拳、用心去练预防疾病的拳、用心去练延年益寿的拳，处处留心拳术服务于生活及以拳术修炼调节心身健康，这就是真正的古心意六合拳。

第十章 龙文化的“道”与拳“道”

华夏列祖、列宗开创了龙文化的“道”，用于指引人明确时间和空间的依存关系：时间无尽永前，表达着事物的演化秩序；空间无界永在，决定事物的存在，彰显物质运动的存在和表现形式；运用真理创造古今人类社会的所有文明，实现人生的愿望就是“道”。

华夏龙文化的“道”是中华拳术文化的脊梁，区分出拳术的物质与能量：人存在于心意的志气是拳术无形的智慧与能量；人身体的四肢百骸是拳术的物质，身体四肢百骸的运动产生有形的拳法与拳术物质运动的能量；拳术能量进入对手的时、空，是拳法的基本属性。用拳是心性驱使行为，“先分一身之法，心为元帅，胳膊腿为五营，四梢左为先行，右为元帅，手足相顾准备一切，护上下相连，要精于贯通熟，早知贯通熟为妙，过后见识不如无”，人的志气符合“道”，“盖志气之帅，气体之充也。心一动而气近之，气一动而力伏之”，心使用拳术物质与能量就有灵性。人的志气不符合“道”，就出现不切合实际的盲目练拳，导致用拳一败涂地。拳一用即灵为正“道”。

龙文化的“道”与拳“道”，是储存于人心中的智慧与能量，能够给人的生命传递宇宙中客观、正确、积极的信息，补充人生命能量；龙文化的“道”与拳“道”，是催人奋进的原动力，是与时俱进的真理。人得到龙文化的“道”与拳“道”的前提是，靠祖孙三代内心道德修养的成果，方能够铸就出以“德”载“道”的容器，容纳诸子百家的思想光芒，无形的智慧与能量逐渐进入自己心中。人觉悟龙文化的“道”与拳“道”是“宇宙有多么宽广，人心就能走多么远”。

第一节　“道”滋养了中华龙文化

华夏的“道”顺应宇宙规律，这个“道”与中华龙文化是不可分割的，华夏民族在远古时代就认识到宇宙天地之间的阴阳和合，不断将宇宙无形的智慧与能量为己所用，并将天上宇宙间与地球自然界强大的综合力量，隐喻为中国龙的能力，古人由此制造龙的图腾进行崇拜，华夏大地上的龙在天上，龙成了人的保护神；在中国的封建社会龙代表统治力，人们把龙作为帝王的象征。

中国的龙文化历经五千年的思想创造与不断的创新已经成为民族之魂：中国人将龙的眼睛越画越圆，为的是能识时务，洞察现实的一切，认清时代潮流；中国人给龙添翼，为的是期望民族顺应时代的腾飞；中国人给龙添手和添足，为的是能多干实事；中国人给龙头上添角、身上添鳞甲，为的是居安思危，文事必有武备。在中国人的心中，中华龙能上天、入海，有势不可挡的精神，以龙的强大、尊贵、自信、出类拔萃和超越一切为中华龙的特征，这就是中华龙文化。

本章定义真正的龙文化已不单是一种图腾或符号，也不是中国古代如同秦砖汉瓦所表现的精化，而是由炎黄子孙思想信仰聚集的民族智慧，龙文化繁育中国人的远见卓识和变通能力，不断促使中国人认识人与宇宙、人与自然、人与哲学、数学等学问的关系，龙文化是将宇宙无形的智慧与能量为己所用的圣“道”文化，中华龙文化由“道”的智慧与能量滋养着，不同人对龙文化有不同的认识深度。

一、龙文化兴起于先秦时期诸子百家的学术思想，是民族智慧的结晶。当时人们崇拜老子、孔子、庄子、墨子、孟子、荀子、韩非子及商鞅等诸子百家，诸子百家思想教人知书达理，让人运用大智慧对各类事物做出迅速的正确反应。人们以老子的道、孔子的儒在道德人格上自律，以遵守孝悌忠信及明礼义廉耻为道德境界。龙文化的“道”以德为基础，厚德载物是教人以博学提升综合素质，“道”在强国上有教育作用，在强种上有指导作用。

二、有“道”的龙文化凝聚古、今中华民族智慧，其中古易理以阴阳及五行生克的变通为处理万事万物提供方法。按象、数、理，一分为三看世界，华夏祖先以象、数、理，得出农历及二十四节气的划分，促使五谷丰登。易理之中的八卦既是宇宙的代数学，又是现代电脑二进位的鼻祖。龙文化的“道”以“和合”与阴阳的变通使中华五千年的文明从不断代，“道”有把56个民族组成一个国家的凝聚力，让全世界都称赞中国是龙的国度，认同中华民族是龙的传人。

三、龙文化崇尚仁和，教人以和为贵，顺应自然规律自省，借天时、地利与人和处理各类事物，以“和”解决任何可避免的冲突。“和”是中国人最真诚的民族之魂，也是中华拳术的拳魂。民族的能力来源于增长人的智、仁、勇的和合，人既要有胆量，又要有谋略，智勇双全才有能力临危不惧地担当起勇敢，战胜任何敌人，仁和是人格的力量。

龙文化指导的拳术因为符合“道”，能够借天地的能量创造拳势，用拳要用地球的重力、宇宙的螺旋规律、惯性力创造拳势。古心意六合拳的拳势，大约可分为前后六势，前六势与后六势合同战斗，后六势为前六势传递能量，前后六势在三维空间上合作，用拳时发挥身体的质量和能量的四维矢量与速度，以质能互变创造拳术取胜的势。

第二节　龙文化是中国人的信仰

中国的古圣先贤创造了启迪智慧的龙文化，龙文化是中国人敬天、保民的信仰，其源头是易理、道家等文化。易理是变通事物的哲学、数学；道家文化提倡修身养性，是提升人的综合能力的智慧；儒家文化倡导血亲人伦及道德理性；龙文化能顺应自然法则的变通，正是龙文化使中华民族几千年的文明和历史从未间断。许多国家和民族的文明和历史都是断代的，日尔曼民族和突厥民族的消亡是民族文化的消亡，尽管他们的人种还在繁衍。龙文化有抵御外来文化侵略的精神和力量，在巩固国防和维护社会稳定上都起到重要作用，促使中华民族以最大、最有创造力的民族立于世界民族之林。

龙文化形成全民皆兵的国防，中国自西汉时期寓兵于民，实行边疆军屯制，对学生进行军训的最早记载在西周，后来各朝代都有学生习武与军训的记载，至今为加强国防后备力量建设的需要，国家仍对高校和高中的学生进行军事训练，高中毕业生是国防兵员的主要来源。龙文化望子成龙，培养德才兼备的子女，产生军事上的儒将，儒将能够后发制人，如果拳师如同儒将，就有让对手敬畏的浩然正气。

龙文化给中华民族凝聚力，1000多年前唐朝强盛，移居国外的华人逐渐增多，当时外国人称海外华人为唐人，华人回国称回唐山。目前全球有6000万加入外国籍的海外华侨，在他们心里有龙的烙印，他们世世代代对祖国的长江和长城、黄山和黄河不陌生，他们知道自己是炎黄子孙，龙文化使他们怀有对祖国的忠义和赤诚，把祖国比作母亲。在爱国人士内心，龙文化像太阳一样永远有光芒。

龙文化既以和为贵，又给人战无不胜的精神力量。心意六合拳将“全乎其和”贯穿到练拳及用拳的各个环节，重视修炼人的“筋骨一气要和全，得出天地阴阳凭一气，气能皆通万事皆通”，练拳以和为始，以和为终。这种“和”产生人用心、身驾驭事物内在本质的能量，这种“和”以静制动地保护自己、战胜敌人，这种“和” 的力量深远而且强大，正如孔子所曰：“有文事者，必有武备。”

真正的龙文化是不断创新的文化，是永葆生机与活力的文化。

（1）龙文化给人向心力、凝聚力，为中国人不被外来文化异化提供精神力量。目前中国人越来越喜欢看外国的电视剧，年轻人喜欢韩国明星，喜欢吃韩国的泡菜，女孩子喜欢韩国的小商品，就连中国的武术市场几乎被韩国的跆拳道占领，外来文化不断侵蚀中华传统文化。当前国际上有反华势力对中国和平发展虎视眈眈，敌人不敢军事侵略，却采取文化渗透的侵略，外来文化的侵略关系到国家兴亡。因此，每个中国人都应该以龙文化武装思想，成为保家卫国的战士。用龙文化潜移默化民族凝聚力和创造力，自觉抵御外来文化的侵略。不能小看不少中国人在崇洋媚外，要防止“千里长堤，溃于蚁穴”，未来的战争已无战场的前后方之分，要用龙文化战胜外来文化!

（2）龙文化教育人勤劳勇敢、不屈不挠的拼搏进取意识和登高望远的创新精神。龙文化不单是历史的骄傲，更重要的是其智慧与能量可为祖国的强大和振兴民族文化提供依据和方法，中华武术只是龙文化中的一小块瑰宝。古心意六合拳能借鉴龙文化处理拳术的练和用，练拳储备人的身体能力和思想能力，有能力抵抗外来的侵略。当今世界大、小国家都在居安思危，发展抵抗侵略的国防力量，原因是人类自古就具有成群结队的习性，古人类以血缘关系结成氏族群体，由若干血缘相近的氏族组成部落，部落的头领常靠侵略为群体生存弥补物质短缺或扩大一方领土，由此开始形成国家。人类世界如同动物世界，同样存在弱肉强食现象，侵略和反侵略是人类的困惑，人最初的反侵略是以身体姿势或手部动作来恐吓对手，使双方尽量避开搏斗的危机，危机一旦发生，就必将形成殊死搏斗。心意六合拳源自军事武术，用拳如用兵，用拳懂得运筹帷幄地使用军事上的阵势和阵法。按龙文化练登高望远的心意六合拳，修炼人智无不备，勇无不生，获得“如攀如跻之靡穷”的快乐。

（3）龙文化教导人顺自然规律的自省，借天时地利与人和办事。“然夹谷之会，必用司马”是提醒人们“有文事者，必有武备”。练心意六合拳要从体悟天地运行规律中得到拳势：学“天行健，君子以自强不息”。拳法借宇宙螺旋运行规律，让腰脊以螺旋牵动四肢百骸在虚实、动静、起落、束长、屈伸、开合中得到机会，得到势能；学“地势坤，君子以厚德载物”。拳法借重力之势，拳势起于腿，势能行于丹田并储备在丹田。人学天地使人的自性在光明与正确中，学天地承载本领。

真正的古心意六合拳是龙文化的产物，该拳不单围绕顾法训练拳术的能量与实战的能力，还要用博大精深的龙文化深层次地修炼人的心身，包括修炼人的智、仁、勇，以和为贵收敛拳的锋芒。该拳教人以龙文化的孝悌忠信、灵通机变、文事有武备、练随机应变的拳术本领去照顾身家性命。是龙文化的“道”使拳术成为国粹。

第三节　龙文化的“和”与“合”

在龙的国度有一种智慧是“和”与“合”，由和到合凝聚一种能量。万事万物有了和，才有合。事物出现不和，合的都将离散。家庭如果不和，人心就离散，甚至兄弟结怨仇；社会不和，天下有动乱；生态平衡不和，大气与淡水等资源遭受到污染。龙文化认为天属阳、地属阴，天地“和合”万物兴。“和”与“合”的伦理是人与天地和平共处、人与自然和谐、人与人和睦相处，做人要效法天的自强和地的善良。和为贵，是龙文化的道德实践原则：实践人的身与心和合形成正能量；实践人与人诚信友爱，遇事以理服人。

心意六合拳以“和”修炼人的能量组合，发挥心智运用四肢百骸的综合能力，促使用拳术本领“照顾身家性命”时头头是道，促使用拳术本领取胜时左右逢源。《谱论》强调“夫武艺者，言其和也，而和之中智、仁、勇具焉”；“备乎其勇，全乎其和，以此而校技艺者，无不善矣”，“得和平之理会和平之原”，“会意之心能和气归一合顺，则天地之事无不可不揣矣”，以心身的“和”，整“合”拳术的物质与能量。我曾经纳闷，几乎所有的传统拳种都是围绕“打”字练习，古心意六合拳为什么只围绕“顾”字练顾法？经研究发现，“和”与“合”是智慧与力量的结合，“和”能够产生一种进化的气机（活力），气机将促成一些曾经不可能做到的事，成为切实可行的事。例如，无线通信曾是不可能的事，由于科技发展，无线通信已成为现实；人类进化到能够把一种活着的树枝剪掉，嫁接到活着的另一树上，从而开花结果。古心意六合拳练人的生命力强盛，心身合一整合出“顾及身家性命”的能力。古心意六合拳顾名思义，是心意与肢体的能力组合。如果人的内心没有“和”的智慧，心与身不和，拳就没有六合的合。名副其实的心意六合拳，以“和”与“合”整合出拳术本领。用拳胜在“全乎其和”，此时的“和”是一种摧毁对手重心，是使对手失去攻防力的软杀伤。

龙文化的“和”与“合”博大精深，教人借天、地的能量处理万事万物的矛盾。“矛盾”一词出在中国古代的楚国，楚国有一个卖矛又卖盾的人，夸自己卖的“矛”锋利极了，什么坚固的东西都能刺穿；又夸耀自己卖的“盾”坚固无比，再锋利的东西都穿不透。买矛的人问卖矛又卖盾的人：“请问，用你的矛刺你的盾，结果会怎么样？”不言而喻，什么都刺得破的矛与什么都刺不破的盾不可能同时存在。这个自相矛盾的典故，使矛盾一词成为中国人古朴的唯物辩证法。

任何事物都存在矛盾性，心意六合拳在矛盾对立统一中创拳，要求用心驾驭拳术事物的矛盾，以心意无处不到的“和”与“合”促使拳技如同当代军事的反导系统。当代军事最有威力的矛是导弹，最重要的盾是反导系统。由此可见，心意六合拳是非常科学实用的拳。

心意六合拳以“顾身家性命”为练拳的根本，强调拳法练“筋骨一气要和全”，要求四肢百骸各负其责进行积极主动的防御，促使拳术对抗以恰当的顾法防御对手的进攻。在此我们将矛与盾的实质性与功能进行换位思考，看清矛盾的对立统一有两个相互依存的和合，在矛盾和合的临界点上顾与打换位，拳术对抗中的打如同用锋利的矛进行攻击，拳术对抗中的顾如同用坚实的盾进行防守，顾比打重要。顾破坏了对手进攻的目的，打击才有胜算。

例如，几年前，笔者与师弟交流拳法，这个师弟拳法的进攻巧妙并猛烈，便问师弟：“如果你遇到类似这样的进攻，怎么办？”这个师弟回答：“不知道怎么办。”拳术缺乏顾法只能被打。

中国古人把“和”与“合”提升到天人合一的高度，《礼记》中有“致中和，天地位焉，万物育焉”，德和道如同天和地，是不可分开论述的，一分开，道就不存在了。人在德和道之中进行修养，人的自然禀赋叫作性，人性没有表现出来时叫中，人性有节度地表现出来叫致中和，致中和既符合宇宙运行规律，又是为人处事的规律。天与地各在其位以阴平阳秘为和合，给予万物生长繁育的气机。致中和教人协调各类事物关系，教人消除心里的怒气。如果人的心里有怒气，人性表现出了冲动，出现心与身的不和，心与身的能力就分道扬镳。

例如，拳法不“和”就出现拙力，虽然拙力可伤人，但拙力是与心不齐的力，发拙力必然力不从心地使出拳劲，拳劲不大，方向不准确，拳术的行为达到作用点会稍迟。拳法“和”促使五行与四梢和全，拳的内劲可心到力到，内五行推动外五行的拳法能行为快捷，拳劲准确到达作用点。拳只有拙力与内劲这两种力，内劲称作灵劲。

心意六合拳的灵劲是心、身和合而产生，要求修炼身、心与自然和谐；修炼身、心与社会和谐；修炼身、心与拳法的动静和谐；修炼借宇宙螺旋运行规律用拳，有条不紊地进行调膀、变身，以身体的大质量产生拳法的大能量；修炼借地球的引力，形成拳法的重力势能。如果拳法不能做到心、身和合，问题出在心意不守中。

从天文学、数学和物理学上看“和”与“合”，宇宙的星球均以定点的距离等于定长的点的集合，以360° 的首尾相连进行“和合”运动，星球螺旋运行是不变的规律。平行四边形及四边形的对角线画出两个三角形的内角和都是360° 。再看平行四边形的定则，当邻边的两个力的线段是两个力合成时，两个邻边之间的对角线就代表合力的大小和方向。古心意六合拳依据以上规律，以“和”与“合”增加拳法的力量，明确拳法的方向。用拳以三角形的角、边计算对手身形位置及变化的线路，如同在平行四边形的对角线上用剪步，能准确地以角、边线限制对手独立运动，使对手失去重心而丧失攻防的能力。

用几何学衡量拳势的大小，拳法的“和合”要用平行四边形法则，探究拳术合力与分力的关系。如图，当一个物体同时受到两个力的作用，就将沿平行四边形的对角线运动，所用的时间和它分开受到这两个力的作用而沿两边运动的时间相同。OF是由两个任意斜向的力OF_2和OF_1合成的，对角线OF的力分解为两个斜向的力，即OF_1和F_1F。由力的平行四边形原理与力矩的关系认识“和”的拳势。

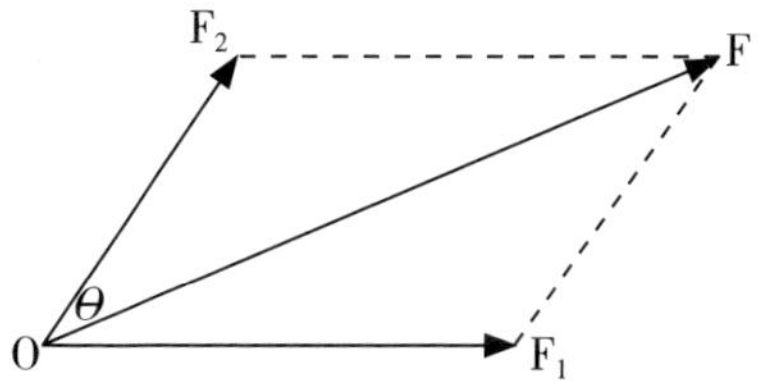

例如，按例图分析技击双方面对面的对抗，进攻方进右脚，防守方即退左脚，按平行四边形运动形成对边平行且相等的平衡，正力之和等于负力之和，进攻方的行为能力被分解了；如果进攻方进右脚时，防守方抢在对角线上进右脚，抢到角、线上的速度，拳法的攻防就“和合”成大能量，不论进攻与防守都占到了上风。

我们把三角形的三条边看成是三个恒力同时作用于物体的同一点，当受力物体处于匀速直线运动状态时，几个力平衡。其中任意两个力的合力与第三个力大小相等、方向相反。可将任意两个力作为分力，则第三个力的大小代表前两个力的合力，第三个力的反方向代表合力的方向。合力的大小随两分力夹角而变化，诸力共同发挥作用。

三角形有拳法“和”“合”的奥妙，是力学最稳固的形态。我们根据三角形的法则，把两个向量中的一个平移，并使它们首尾相连接，再用一个有向线段与两个向量连接成一个三角形，第三边就是合向量。因此，中国人划分珠江三角区、长江三角区的目的，是以合向量推动社会更好的发展。在拳法上，要用上直角三角形两直角边a、b的平方和等于斜边c的平方，即a^2+b^2=c^2。

拳法的“和”与“合”要从大量的事物中增长认识，例如，将拳劲、位移、速度等纳入数学定理和哲学体系，运用数学的几何学计算拳法的速度、质量等适度的标量；用哲理分析拳法的外五行如同五角星，这个五角星由五个等腰三角形和合而成，用拳能够在五只角的连线上变通拳法的阵势。五只角“和”“合”形成五角星形，每个角分别代表某种拳法，各拳法承担拳术行为的前、后、左、右、上，并且生化出拳术行为合理的出入动静之法。由龙文化的“和”与“合”认识华夏拳法“静为本体，动为作用”的拳“道”，就认识了拳术的静力是拳法动力之母，就能够组织心身全乎其“和”的拳术攻防。

第十一章　尊师重教，教拳传“道”

师者，传道、授业、解惑。古心意六合拳《谱论》指出：“天下人多君子少，山上石广黄金缺，世间师众明师稀。”教不同程度拳术的老师，要以不同程度的拳术知识、经验和真才实学的技能，获得相应的拳师段位，高段位的拳师要运用与拳术相关的哲学、数学、物理学、中医学、儒家思想等多学科的知识育人，将列祖列宗历经千年岁月积累的拳术文化，忠实地传播到学生身上，华夏拳术的发展才不致中断。能教拳传“道”、培育英才的拳术老师确实稀少。

古心意六合拳《谱论》还指出，“人比花开满树红，后来结果几个成”，“可见奇才多了用，惜乎奇才不多生”，练拳术成为才的学生有一个由浅入深的学练过程，学练不同层次的拳术，要考不同层次的入学条件。学练上乘的拳术本领，要以伦理和道德标准考验学生是否明礼义廉耻，懂得孝悌忠信：孝，是能够报答父母养育之恩，报答师长教训之德，把祖国看为母亲，为国家尽忠；悌，是人和人有仁爱，能相互帮助，相互谦让，消除矛盾；忠，是忠于祖国，忠于年高有德的长辈，忠于自己的社会角色职责和工作职责；信，要做到“言必忠信，行必笃敬”，做人做事言行一致的讲信用是学练上乘的拳术本领者必备的品德。华夏文化“厚德载物”的“物”，是储存于内心的无形的智慧与能量。内心要获得无形的智慧与能量，道德是储存内心的无形的智慧与能量的容器，人修养内心有高尚的文明，用心探讨宇宙的智慧，科学地开发身体四肢百骸有形的拳术功能，以身体的物质能量与能力创造实在的拳术之“势”，保证拳法的能量能够进入对手的空间与时间。拳法没有进入对手的空间与时间，就没有功效。时间与拳法相互证明彼此的真实存在：时间是表达事物的生灭排列及事件过程长短和事物或事件发生顺序的度量，时间永远向前地度量事物发生的顺序。拳法的能量产生效果与时间、空间密不可分，由此悟“道”。

尊师重教，教拳应有资格，学拳要考条件。而当代传统拳术的传播出现万样的传法，不同拳种老师都可向国家的武术管理机构申请成立拳术协会，并参与武术管理机构对拳师进行实际水平的资格考核，领取属于自己水平的拳师段位证。自古，古心意六合拳的教拳是培育人才，师资水平最重要，其次是学生的伦理道德和生理条件。古心意六合拳谱中说，“吾有栽树之心，种苗之意，奈人不能如松柏四时常青，牡丹花好开一时，不如松柏四时青，只用根深之宝，若得人心，亦如是自可履严霜而不屈也”，拳师教导学生犹如父亲望子成龙。拳术教育是立体教育，拳术横向含德、智、体三要素，纵向是传习性的教育，老师怎样传授拳术的修炼方法，学生就怎样习练。好拳师能引导学生独立自主地学习，懂得自我修养、独立锻炼、独立钻研，拳术的真才实学就不断地从老一代传递到新一代。

拳“道”是“时时考练自己身心，一件通，件件通”，要达到“智无不备，勇无不生”，觉悟拳“道”不单是练拳术，还要求“日就月将，如攀如跻之靡穷”的修炼心意承载无形的智慧与能量，以及锻炼身体有形的拳术物质与能量，达到心理与生理功能及生命能量强大。但是，当代拳术教育上让人堪忧，许多练拳的人凭一时兴趣练拳，练拳是玩玩而已，这样教拳不需要资格，学拳不需要考入学的条件。

拳术教育如同产业，学生是产品。产品的质量让学生通过学练拳术增长智、仁、勇，获得技击本领。好的拳术教育必须锤炼学生的道德品质，让学生自觉恪守道德与伦理的规范：道德作为社会意识形态是指调节人与人、人与自然之间关系的行为规范的总和，道德是主观法，是自律的；伦理主要是关于人性、人伦关系及结构等问题的基本原则，伦理是客观法，是他律的。这样的拳术教育使人真正成为有人格的人，社会就成为真正的理性社会。学拳后，读书的学生学习成绩更好。练拳后，农民将拳术能力行到地里五谷丰登；工人能提高生产技术；军人将拳术能力行到阵前杀敌保国，立功受奖；练拳后，丈夫更有能力爱妻子、妻子更懂得体贴丈夫，拳行到家里无祸生；官员与企业家练拳后，能开拓思想境界，提高决策能力；科学家练拳后，思路更宽广，发明创造能力更强。这样的拳术教育能强国、强种，这样的拳术教学有小学、中学、大学和研究生等不同的程度，高程度的拳术教育不是练打那样简单，练拳要守住一心行正道，认知拳“道”。

认知拳“道”，要求拳师有德，无狂妄之气，把练拳和人生修行结合起来。否则，练拳一辈子也无缘认知拳“道”。例如修炼古心意六合拳的心意，指拳师修炼心意无形的智慧与能量，要求拳师为人处世有远大的眼光和卓越的见解，内心有科学训练身体四肢百骸生理功能的方式方法，将心意与身体的能量与能力和合成拳术本领。认知拳“道”的拳师，用拳英明神武，运用宇宙三大要素，“候气与神俱往”的准备好一切进攻与防守的手段。以“道”御术的古心意六合拳，其心意有神经网络组成的拳术信息方法，心能够用易理计算拳势，意传递拳术实战三维空间的数据；其拳术套路是该拳的师祖为练人体的生命能力而设计的，以不同的套路训练身体的不同部位，练四肢百骸为各负其责的作战单元，以及局部支持整体拳法的综合能力。

古心意六合拳的套路绝不是练招式的威猛，练不同的套路要从整体观、平衡观认识自己的身体机能，明白自己身高、体重、坐高、胸围等部位的身体形态数据，训练运动系统骨骼、肌力的最大爆发力和肌肉耐力，用好肌肉的等长力量、等张力量和等动力量，修炼骨关节的可旋转度幅度、筋骨的伸展幅度，获得拳术运动的柔韧性。练拳术套路还要认识血液循环系统的生理指标，为心血管功能创造环境，要认识人呼吸系统的能量代谢指标，重视锻炼呼吸机能的时间肺活量、摄氧量，练好身体机能及预防疾病。

华夏拳“道”的核心是宇宙三大要素：拳术能量在当前时刻进入对手时、空产生效能，用拳错失了一闪而过的时间，一切拳术行为是枉费心机。因此，成熟的拳师对拳法的练与用要进行考证，绝对不犯盲从的错误，客观地用数据证明自己拳术训练与使用是科学的，就要放眼于宇宙，拳法立足四维时空之上，练拳是身体的物质与能量在三维空间运动，身体的位移、抢位；拳术的第四维是拳法的速率，拳法不错过到位的时间。拳法的方向量存在于角度与速度中，拳法的状态量对应对手身体的重力线，以脚步瞄准对手身影，调肩膀滚动身体形状的自旋速度，以瞬间的蹬劲为加速度，保证变化不失方向，拳法不错失到位的时间。拳术得“道”的人，能控制时间或空间。

例如，修炼心意可比喻为当今信息时代的微电子技术，人体的神经系统如同是建立在以集成电路为核心的微电子网，心以神经系统为载体不断地学习拳“道”，意把攻防的数据储存于神经记忆，心意促使四肢百骸各负其责参与攻防。

练古心意六合拳以最佳拳理将“自我”的智慧与能量与“本我”能力“和合”，用华夏祖先向天地学来的智慧保证“用拳常有神仙不测之妙”。古心意六合拳《谱论》指出“武艺者以和为始”，这个“和”是通过对心、身的磨炼，身体的四肢百骸获得支持拳术攻防的能量与攻防取胜的能力，心意获得武术事物的本能及所需经验，内心正确把握武术运动的空间、方位、距离、角度、速度，懂得将身体的质量转变为拳术攻防的能量，这样修炼古心意六合拳，就理清了心、身能量与能力的和合。其实，任何事物出现不和、合的都将离散。

练拳得“道”是内心秉持真理，坚持科学的思想和理念，随时与时俱进地调整自己。顺应自然，提高自己的思想认识，使内心可以与人通融，语言和气，态度温和。因此，练武术的人不能有气势汹汹的外表，这是人与人交往应该顺应的化境，也是人类以和为贵的融和能力。每个人在世界上都有可能遭遇危险和不测，对突如其来的事件，内心能否做到处变不惊，“盖志气之帅，气体之充也。心一动而气近之，气一动而力伏之”，心中有化险为夷的数，身体有“肩要催肘，肘要催手，胯要催腿，腿要催足”的方法和能力，内心坚定地随遇而采取化解各种矛盾、调和万事吉凶的对策，身体有无不取胜的恒久之功，发挥拳术进攻与防守的作用，这就是华夏的拳“道”。

第十二章　古心意六合拳的气或气功

古心意六合拳论述的气，指人的心意正确地指导身体的行为。古心意六合拳《谱论》指出“会意之心能和气归一合顺，则天地之事无不可不揣矣”，用拳时“能在一气先，莫在一气后”，此时的气是指机遇，是心意储蓄了无形的智慧与能量，心身合一的能量抢进攻与防守的时间与空间。正如《谱论》指出“精养灵根气养神，元阳不走得其真，丹田养成千日宝，万两黄金不与人”，这种气泛指人无形的“元阳”，也指维持人生命活动的气机，拳术上“心战而内动，气自丹田生”，心动、意随，“四梢齐，内筋出”。古心意六合拳要求“气伏心意随使用”，用心指导“手起莫要望空走，脚去莫在空里落”，人“有反心，必有反气，必有反力”。拳法如同“天地阴阳凭一气，气能皆通，万事皆通。气复，万物皆复”。由此可见，拳术的气或气功不是社会上传播的气功，不是以运气或以意念活动及呼吸方法进行健身运动的气功，其增强体质和治疗一些慢性病的疗效也是有限的，练拳术不可盲目追求气功。

虽然在远古时期的道家医学养生就有调气、调神、入静等一系列气功理论。这些理论指导很多传统拳术以深呼吸导引法等内功，内养人的精、气、神，或以吐纳功等健身气功导引使人们防病、治病，培育生命的正气。道家医学认为人如果顺了天地阴阳二气的自然规律，就能够健康长寿。《黄帝内经》认为世界万物有形者以“气”为源，无形者以“气”为根，意思是气主宰人体生命的气化活动，是生命的根本。元阳是人无形的智慧与能量，修炼心意是修炼人物质世界的身体有无形的“灵魂”，而“灵魂”的心意必须以人物质世界的身体为载体，才能够主宰人的生命活动。

道教追求“人可练丹成仙”的养生修仙之道。千年以来道教盼炼丹长生不老的心愿，却无人成功。无以计数大同小异的养生功法，无论是强身健体的，还是延年益寿的，也无论是防病治病的，还是病后康复及房事养生功法，都作为气功的内容被人们追求。近代有一些研究气功功理现象的人，发现了一些气功改变人大脑血液流量、血压等现象，其实这是一种意念产生的现象，与所谓气功没有多大关系。研究气功的最终结果，肯定是否认传说的气功学术。气功中超自然的神灵现象是宗教色彩，不属于武术功法。 唐代以前，道家就有无数的气功养生经书。气功主要讲意念，调节呼吸，以有节律的动作，诱导和激发机体内在的潜在内能，起到保健、防病、延年益寿的作用。气功分为静功与动功两种，都是以松、静、守、息为主要内容，松弛机体、宁静思想、意守丹田、调整气息。气功认为人的主要之气是禀受父母先天之精气，是由脾胃生化的水谷之营卫之气。

本书作者观察过许多气功及催眠术，剖析了属于催眠术的一些神奇的气功。有一些武术秘籍是先练出丹田之气，再由周天运行使内气外发，这种功法在武术界有深远的影响。例如气功提升血压，属于伪气功，其原理是当一个人量血压时，两分钟内可测量出两种不同的血压，一种是正常的血压，另一种是不正常的高血压，量血压时只要两脚尖踬起，血压自动升高，如果再用从上往下的劲力和意念，血压更会升高。如果这也算气功本领，气功就太没有研究价值了。

传统拳术的运动讲紧凑，锻炼全身关节的灵活、速度、急剧运动中的爆发劲等。这是与气功相反的要求。气功有研究趣味的是信息传递，达到催眠效果，信息催眠的诱导。如果将气功的训练过程假定为催眠诱导，气功也就是很深奥的学问，但对技击武术起不了帮助，只会使习练者想入非非，浪费时间，除此之外，并无大碍。

“气”与中医学有着密切关系。中医对温病之气、营、血病机及证候的论述，温病卫气营血在临床上所反映的证候，从发病机理来讲是人体感受温热之邪，以致卫气营血所属脏腑生理功能失调而产生病理现象。卫气营血的病机是阴阳对立的斗争，阴阳相互依存并相互消长。阴阳的转化是“寒极生热，热极生寒”，人体如能做到“阴平阳秘，精神乃治”，就能“阴平静，阳固秘而不散失”，就会拥有正常生命活动。有些健身气功方法过分强调意念与呼吸，会引起走火入魔的现象，所以意念与呼吸不可过于去干涉或强调。

作者认为，自然界有“清净之气”，就有“混浊之气”。“清净之气”是正能量，“混浊之气”是负能量。人体内也有“清净之气”与“混浊之气”之分，中医学指出“正气存内，邪不可入”，是以扶持人体内的正气达到防病治病的目的。当一个人的内心缺乏无形的智慧与能量时，就是缺乏正气而容易受到挫折、与朋友产生矛盾，甚至在天气不好时会感觉到意志消沉，干啥都没有力气。人缺乏正气易患神经官能症、神经衰弱而精力不足，人神经系统机能脆弱，就会意志消沉、情感脆弱而萎靡不振，人灰心丧气就脑力迟钝。20世纪80年代出现气功热，有些练气功的人被“混浊之气”侵蚀，出现了心情焦躁、肢体无力、困倦思睡，导致注意力涣散等症状，甚至有些缺乏正气存内的人患上躁狂或抑郁性精神病，这是气功造成的走火入魔。纠正气功造成的走火入魔，一是多读励志书籍，以知识中的智慧与能量帮助自己走出内心的阴霾，用“书中自有颜如玉，书中自有黄金屋”的读书成果给自己定一个可行的目标，有了目标才有激励自己健康向上的能量；二是增加户外活动，或出门旅行去开拓视野，避免目光短浅、心胸狭隘，或接近自然界，适当地晒晒太阳，太阳是地球上万物的能量之源，能够补充人的正气；三是参加一些社交活动，和朋友喝茶、聊彼此的兴趣与爱好，谈生活中最有情趣的话题。或选择一种传统拳术进行心身健康的锻炼，让体内“混浊之气”随着锻炼产生的汗液流出体外，好的拳术锻炼可有效增强体内“清净之气”的正能量。

气功是意识感知的信息，关系到神经元的奥秘。例如，每个人都是母体生养的生命，人出生之前在母体的羊水中，肺腔内没有空气，只有羊水，此时的肺是瘪的。人出生有个肺功能开启之谜：人的生命在胎儿与母体分娩过程，母体与胎儿分离的一刻，胎儿必须以哭叫的方式将肺腔中的羊水排走，使瘪的肺能张开，吸入空气中的氧分。否则接生的医师遇到不哭叫的胎儿，以打屁股的方式促使胎儿啼哭，呼吸空气中的氧分是生命的需要，胎儿一出生就必须由自己开始呼吸，所以每个人出生时刻的第一件事，就是大声地哭叫，哭叫是人的生命降临于世的一种信息反馈与信息方法，哭叫是胎儿意识感知信息的本能，由哭叫完成自己的第一次呼吸，直到生命灭亡，呼吸才会停止。胎儿一出生就有这种正确的本能反应，先天就有正确处理事物的方法，哭叫是生命的奇特现象，是最高明的“气功”。

气功训练者应该用自己的思想不时地真实评价自己已掌握的思

想文化，人如同好树成材在其主（思想）。气功养生也必须养心，心不如愿，小则练不好气功，大则损性伤命，有些人违背自然地追求气功中的一些不自然的方法，最终造成了走火入魔的下场。

1988年上海科学技术出版社出版发行的《中国医学百科全书·气功学卷》把气功定义为一门自我心身锻炼的理论与方法；1998年人民体育出版社出版发行的《健身气功教程》把气功定义为基于中华传统文化的人体生命整体观，通过调心、调息、调身的锻炼，改善自身的健康状况，开发人体潜能，使心身臻于高度和谐的技能；2005年，中国中医药出版社出版发行的《中医气功学》把气功定义为调身、调息、调心融为一体的锻炼技能。笔者不相信传统拳术有气功锻炼方法，建议有关拳术的气或气功，应该从讨论信息元方向发展，否则会误人子弟。至于气功大师以任何方式强调发展气功，不是本书讨论的内容，本书愿意做气功习练者的净友，劝广大习武者参考性阅读气功书籍。总之，健身气功不属于传统拳术的范畴，练拳与用拳只需要心身的实际行动，不需要所谓的运气类的气功。

古心意六合拳的气是内心无形的智慧与能量：心意“明了五行多一气，明白四梢多一精”，“一精知其万事精”，拳法“三回九转是一势”，身体左右转动可使拳术行为更敏捷，这种气是生命中的无价之宝。

后 记

饮水思源，知恩图报

饮水思源，知恩图报是中华龙文化的传统。笔者回顾修炼中华武术40年的过程，早期盲目拜多位不同拳种的老师求学中华武术，长期对中华武术处于一种迷茫的不知拳“道”，到逐渐认知拳“道”，清楚明晰真正的心意六合拳必须修炼内心无形的智慧与能量，锻炼人五脏六腑与四肢百骸的物质能量与拳术功能。拳理有数据证明、功夫因质量而成，将内心储蓄的拳术智慧“和合”身体修炼到的拳术物质与能量及能力，提高人的生命品质，健康人的生命历程，“照顾人身家性命”的拳术本领。笔者铭记罗时茂恩师传拳时教导的“拳不离谱”，才由心意六合拳《谱论》认识华夏的拳“道”，如同大海的深沉是因水滴的凝聚。在此，为表达饮水思源、知恩图报之意，笔者以已知的拳“道”宣传真正的古心意六合拳，为罗时茂老师和卢嵩高师爷扬名。

笔者以《古心意六合拳》一书告慰中华传统武术的列祖列宗，你们历经几千年积淀的博大精深的、微妙通达的拳术智慧没有失传。作者在认识华夏拳道的过程中，得到了高人指点。例如，罗时茂老师传播心意六合拳套路重视修炼武功，要求训练摇闪把套路时，后脚跟不踮起，这样很长武功。而上海和安徽许多同门拳师练摇闪把时，把后脚跟踮起，这样在单位时间内多出拳艺的变化，很长拳艺。为此，笔者把武功比喻成一把锁，把武艺比喻成开武功这把锁的钥匙，为寻找以武艺为开武功这把锁的钥匙，笔者曾行万里路程向多地的同门拳师取经。幸运的是，笔者有缘偶遇一位武艺高强的心意六合拳前辈，前辈言传身教，向笔者展示了心意六合拳的高超武艺后，笔者仿佛寻找到了进入华夏拳“道”殿堂的金钥匙，逐渐理解了古心意六合拳《谱论》论述的拳“道”，笔者永远铭记指点迷津的前辈！在此祝贺对笔者认识拳“道”有帮助的老师们健康长寿！

笔者在几十年的武术生涯中，常遇到强于自己的对手，在此感谢他们，是他们促使笔者不断地自强，才逐渐具备“好学近乎智，力行近乎仁，知耻近乎勇”的拳师品德，向对手敬礼！

笔者不忘父亲裘长生、母亲吴秀英的养育之恩，常记父母的教训之德。笔者听了父母“厚德载物”的教导，内心增长了无形的智慧与能量，如同得到了比金山更好的精神财富。笔者在儿童时期接受父母龙文化的教育，受益于华夏龙文化，才在华夏拳术上有出息、有作为了，传播华夏拳道是父母的期望，也是时代赋予作者的重任！

笔者历经练古心意六合拳37年的实践，几乎每5年就对古心意六合拳《谱论》的认识上升一个台阶，《古心意六合拳》一书是笔者研究现实生活中的“道”与拳“道”，用拳术实践积累的知识与经验整理出的教拳课件，笔者从20世纪90年代起，就规划不同的学生有不同的拳术修炼科目，保证脚踏实地学练拳术的学生都能2年满徒。笔者常在教拳时教学互长，觉悟拳术的真才实学：笔者曾向读医学院的学生周伟求证武术医理，感悟心、身能量与能力和合是武功与武艺的完美结合；笔者曾向聪明勤奋的学生殷露了解拳击，肯定其与传统拳术的绝招与所谓的心法都是背道而驰的；笔者向当过语文老师的学生吴俊标学习语文，理解丰富的拳术文化。是学生的求学，助笔者在教学互长中觉悟拳“道”，在此感谢所有求学于笔者的学生！